初心·广博·融通

——川渝通识教育探索

主　编◎冯晓云　崔　凯
副主编◎代　宁　王　丹

西南财经大学出版社
Southwestern University of Finance & Economics Press
中国·成都

图书在版编目(CIP)数据

初心·广博·融通:川渝通识教育探索/冯晓云,崔凯主编.—成都:西南财经大学出版社,2020.12
ISBN 978-7-5504-4679-3

Ⅰ.①初… Ⅱ.①冯…②崔… Ⅲ.①高等学校—通识教育—研究
Ⅳ.①G640

中国版本图书馆 CIP 数据核字(2020)第 241818 号

初心·广博·融通——川渝通识教育探索
主　编　冯晓云　崔　凯
副主编　代　宁　王　丹

责任编辑:李晓嵩
责任校对:杜显钰
封面设计:何东琳设计工作室
责任印制:朱曼丽

出版发行	西南财经大学出版社(四川省成都市光华村街 55 号)
网　　址	http://www.bookcj.com
电子邮件	bookcj@foxmail.com
邮政编码	610074
电　　话	028-87353785
照　　排	四川胜翔数码印务设计有限公司
印　　刷	郫县犀浦印刷厂
成品尺寸	170mm×240mm
印　　张	8.5
字　　数	141 千字
版　　次	2020 年 12 月第 1 版
印　　次	2020 年 12 月第 1 次印刷
书　　号	ISBN 978-7-5504-4679-3
定　　价	68.00 元

前 言

博古通今胸怀百家之言，明辨笃行弘扬德才之道。在我国的教育发展史上，“通识”理念可追溯至久远。《论衡》有言：“通书千篇以上，万卷以下，弘畅雅闲，审定文读，而以教授为人师者，通人也。”开展通识教育可以培养出博闻强识、通权达变，知晓古今中外天下时事，饱览人文自然万千道理，善于举一反三和融会贯通的人才。

在科学技术飞速发展的现代社会，知识的多元化和信息的碎片化对高校的人才培养模式提出了新的要求。高等教育的改革需要高瞻远瞩，教学模式的创新需要做到稳中有进。通识教育在一定程度上可以弥补单一的专业教育的局限性，能提供维持社会不断进步的知识体系和思想基础，有利于为国家培养兼具创新精神和独立思维，勤于探索、敢于挑战、勇于开创的时代新人。

川渝地区通识教育联盟是在 2013 年由四川大学、重庆大学、电子科技大学、西南财经大学、西南交通大学、西南大学等高校共同倡议并建立的地区性通识教育交流平台。自成立以来，川渝地区通识教育联盟每年召开通识教育工作年会，众多专家学者、优秀教师围绕“思政教育”“创新学习”“互联网+”“人工智能”“中国传统文化”等主题，共同规划通识教育改革和发展的蓝图。川渝地区通识教育联盟在提高川渝两地通识教育课程质量，构建丰富的高校教学资源共享体系，推动通识教育改革与发展等方面成效显著，成绩斐然。

2019 年，川渝地区通识教育联盟年会暨美育教育与通识教育论坛在西南交通大学举行。论坛立足通识教育与美育教育前沿，针对“如何将高校美育工作纳入通识教育体系”“如何在通识教育格局中发展和创新美育教育”“如何彰显和发挥美育教育在通识教育中的作用”等核心问题，进行深入研讨，开展案例展示和经验分享活动。

为推进川渝地区本科通识教育教学改革和创新，加快通识教育实践成果的转化和应用，加强川渝地区通识教育联盟的宣传和推广，川渝地区通识教育联盟连续出版学术论文集——《川渝通识教育探索》。《川渝通识教育探索》得到各单位踊跃投稿。稿件中，出现了众多高质量佳作，不乏宝贵的经验之谈、优秀的实践成果、深远的发展建议。

《初心·广博·融通——川渝通识教育探索》(《川渝通识教育探索》第五期)，既是《川渝通识教育探索》前四期的传承与延续，又是通识教育发展新方向的思考与探索；既是川渝地区通识教育联盟年会重要成果的凝练，又是各高校教育教学工作者辛勤付出的结晶。

编者

2020 年 10 月于成都

目　录

从语言之美到人生之美
——论文学课程的美育功能①

李冬青　薛话雨

摘　要：美育在通识教育中起着重要作用。文学课程是通识教育的重要课程，对文学作品的阅读和欣赏也是大学生美育培养的重要渠道。本文根据过去三年来笔者承担的文学赏析课程教学的实际经验，指出文学课程应该具有的三项美育功能，即文学课程应该引导学生欣赏作品语言之美、感受作品情感之美、体味作品人生之美。

关键词：语言；人生；文学；美育

爱美之心人皆有之，美育在通识教育中起着重要作用。著名美学家朱光潜指出，求知、想好、爱美，三者都是人类天性。被称为“学界泰斗，人世楷模”（毛泽东语）、“中国美育之父”的蔡元培先生指出，爱美是“人类性能中固有的要求”。如果能够对爱美之心予以因势利导，“小之可以怡性悦情，进德养身，大之可以治国平天下”。当代大学生除了要在学校学习自己的专业课程之外，更应该学会感悟美、欣赏美的能力，使自己具有良好的文化品位、审美情趣和人生理想，呵护自己的精神家园。

过去三年时间，笔者一直从事若干门文学赏析课程的教学，包括“外国经典文学选读”“戏剧英语”和“中外诗歌比较与鉴赏”。这些课程主要通过赏读中外经典的小说、戏剧和诗歌，让学生增加知识，了解

---

① 本文受四川省社会科学“十三五”规划项目“艾米莉·狄金森中国接受研究（SC16WY010）”、电子科技大学 2018 年“教学方法与考核方式改革示范课建设项目”（2018XJYJ-ZD84）、“《中外诗歌比较与鉴赏》规划教材建设项目”（Y0301902370100201042）资助。

文化，拓宽视野，涤荡内心。在教学过程中，笔者注意引导学生欣赏作品语言之美、感受作品情感之美、体味作品人生之美，取得了较好的效果。

一、美育：核心通识素养的重要组成部分

美育是大学生核心通识素养的重要组成部分。冯惠敏教授参考美国大学生核心通识素养结构，指出当代大学生核心通识素养应该包括知识、能力、情感三个维度。在知识领域，大学生需要掌握多个领域的知识；在能力领域，大学生需要具备学习能力、思考能力和合作能力；情感领域包括道德价值辨别、社会责任意识、审美艺术情趣三个方面。

教育部一直重视大学生美育的重要性。早在1998年，教育部就发布了《关于加强大学生文化素质教育的若干意见》。在该意见中，教育部指出要实现学生德、智、体的全面发展。当时的“全面发展”并不包含“美育”，但是也明确指出要对大学生进行文学、历史等人文社会科学的教育，以提高大学生的文化品位、审美情趣、人文素养和科学素质，并特别指出加强文化素质教育工作的重点是人文素质教育。2010年，教育部出台《国家中长期教育改革和发展规划纲要（2010—2020年）》（以下简称《纲要》）。《纲要》提出要“培养德智体美全面发展的社会主义建设者和接班人”，包含了要“加强美育，培养学生良好的审美情趣和人文素养”。2014年4月，教育部出台《教育部关于全面深化课程改革 落实立德树人根本任务的意见》（以下简称《意见》），同样要求学生要德智体美全面发展。在《意见》中，教育部提出要大力培养学生“良好的审美情趣”，并“将学生体育课和艺术课学习状况纳入考试招生和评价体系中，促进学生提高身心健康水平和审美素养”。以上文件都明确提到了美育的重要性。蔡元培指出，美育“与智育相辅而行”，教育的目的应该是“使人人有适当之行为”，因此应该“以德育为中心”。朱光潜则认为，美育为德育的基础。以上论述，都说明了美育的重要性：美育与智育、德育一样，都是学生核心素养的重要组成部分。

二、文学课程：三项美育功能

文学课程是通识教育的重要课程，也是大学生美育培养的重要渠道。笔者所在学校为典型的以理工科为主的学校，理工科学生占到学生总数的90%以上，文科教育相对弱势，文学氛围并不浓厚。因此，如何营造

文学氛围，增强学生的文学修养，提高学生的人文素质，而不是仅仅传授各种科技前沿知识，避免让学生成为单向度的人，成为学校管理者的重要课题。由于学校没有设置中文系等与人文教育密切相关的系所，因此绝大多数的文学课程都由外国语学院来承担，开课初衷主要是通过文学文化课程的学习，提升学生的语言水平。但是，“学文学不仅是学语言的最佳途径，更是素质教育和人文精神培养的有效渠道”。通过阅读文学作品，当代大学生可以欣赏其语言之美，感受文学作品中蕴含的强烈情感，更好地理解并体味人生，从而达到陶冶性情、开阔视野、提高审美情趣和人文素养的目的。

（一）欣赏语言之美

文学是语言的艺术。文学课程不仅可以教会学生形成正确的人生观和价值观，更重要的是，通过学习文学作品，学生可以欣赏其语言之美，并逐步提高自己的语言表达能力。

文学让学生感受到语言之美。文学经典是人类宝贵的精神财富。经过时间长河的冲洗，能够流传下来的文学经典，大多语言优美、含义隽永。很多人都有过这样的阅读经历：有时候我们对一些文学经典的含义并不能完全理解，但就是觉得很美。叔本华在幼年时，非常爱读诗，实则对其所蕴涵的意义和思想还不甚了解，常常只因为某些诗的音韵很美，便靠着音韵硬把它背下来。无独有偶，梁启超谈到他读李商隐的《锦瑟》等诗歌的体验时说，那些诗歌讲的是什么，拆开来看是什么意思，他都不理解，但是就是觉得作品很美，读起来令人在精神上得到一种新鲜的愉快。读戴望舒的《雨巷》，学生都强烈地感受到其音韵之美，正如著名诗人朱湘所言，“《雨巷》在音节上完美无缺”“比起唐人的长短句来，实在毫不逊色”，叶圣陶更是赞扬戴望舒“替新诗的音节开了一个新的纪元”。大多数学生也许不知道《雨巷》创作的时代背景（《雨巷》写于1927年，当时大革命失败，诗人避居松江，心情苦闷彷徨），因此对其主题的理解并不是那么深刻，但是该诗音韵优美，听起来和谐、悦耳，具有极强的音乐性，给人带来美的享受，因此深受学生喜爱。

学生通过文学作品感受语言之美，潜移默化之下，自己的表达能力、沟通能力等也能够有所提高。目前，大学生的语言能力状况不容乐观。屠国平对中国大学生汉语水平的调查显示，中国大学生汉语书面语和口语表达情况均不理想：书面语表达方面，得分在60分以上的仅占54.2%，而在口语表达方面，能够在即兴口语表达时做到口齿清楚、发音比较标准，表达流畅、条理清楚，内容符合话题的比例不到15%。在这种情况下，选修文学课程，不啻为很好地提高学生表达能力和沟通能力的方法。

（二）感受情感之美

情感是美育的重要组成部分。蔡元培说："美育者，应用美学之理论于教育，以陶养感情为目的者也。"在文学课上，通过对经典文学的赏析，充分体会文学作品中的审美情感，可以让学生对作品中的情感产生共鸣，从而感受到作品中的情感之美，激发积极的情感，陶冶审美情操。例如，学习陆游的诗歌时，教师可以通过让学生了解陆游终身慷慨报国却不得志的人生经历，让学生感受陆游"位卑未敢忘忧国"的爱国热忱，激发起学生的爱国之情。在夏洛蒂·勃朗特的经典名著《简·爱》中，女主人公简·爱从小历经各种磨难，但是简·爱却在这些磨难中不断追求尊严与自由，坚持自我，最终收获了爱情与幸福。学生从简·爱的经历中，能够体会到摆脱一切旧习俗和偏见，追求精神独立的思想。爱尔兰著名诗人威廉·巴特勒·叶芝的诗歌《当你老了》，表现了诗人忠贞不渝的爱情，语言简单明快，情感真挚，成为让世人传颂的佳作，学生可以从中学习到健康积极的爱情观。

文学不仅是审美对象、认知方式或载道工具，一个民族的文学蕴含了该民族的众多集体无意识，而且是该民族文化及其核心价值观的重要体现。例如，孝道文化是中华传统文化的重要组成部分。孔子曾在《孝经》中说："夫孝，德之本也，教之所由生也。"朱自清的散文《背影》，通过父亲为"我"买橘子这样一件小事，把父亲对儿子的爱，表达得深刻细腻，让人感动。学生可以从中感受到父子之间的亲情的可贵，学会对父亲怀有感恩之心，并弘扬中华传统文化的孝文化。

（三）体味人生之美

美育使人追求人性的完满。叶朗教授援引席勒在《审美教育书简》中的话说，只有游戏冲动（审美冲动）才能实现人格的完整、人性的完满，才能使人摆脱功利的、逻辑的"关系网"的束缚而成为自由的人。如果没有审美活动，人就不能实现精神的自由，更不能获得人性的完满。叶朗教授认为，美育是为了追求人的全面发展，美育的根本目的是使人去追求人性的完满，也就是学会体验人生，使自己感受到一个有意味的、有情趣的人生，对人生产生无限的爱恋、无限的喜悦，从而使自己的精神境界得到升华。

文学教会学生体验有意味的、有情趣的人生。作家乔治·R. R. 马丁（George R. R. Martin）曾说：阅读的人在死之前经历了 1 000 种不同的人生，而从不阅读的人只经历了一种人生（A reader lives a thousand lives before he dies, but the man who never reads lives only one）。13 世纪阿拉伯诗人鲁米（Rumi）则说：诗歌是危险的，特别是好的诗歌，因为它给人幻觉，让人误以为经历过那些他们未曾经历过的事情（Poetry can be dangerous, especially beautiful poetry, because it gives the illusion of having the experience without actually going through it）。文学让人体会到人生中那些美好的情感：亲情、爱情、友情等，从而增加学生的审美体验。

文学也让学生接受人生的不完美。人性的完满，并非是人生完美无缺，而是在明知道人生有缺陷的情况下，仍然保持着乐观的精神。大学生才从高中进入大学，突然面临着与高中时代完全不同的人际关系、学业压力等。凡此种种，都让大学生感受到较大的心理压力，个别学生变得抑郁，甚至自杀。阅读文学作品，能够让学生更客观地看待生命中所遇到的困难。作家蒋方舟在回答“读过很多文学作品的人和没读过的人有什么区别”时如是说：如果把文学作品局限于小说的话，一个很大的区别是，前者能够欣赏失败、落魄、消亡的美感，对于苦难的接受能力更强，而后者不能。著名中国古典文学专家叶嘉莹先生一生颠沛流离，遭遇很多苦难和不幸，但是却一直保持着乐观的人生态度。她说：诗歌的研读，对于我，并不是追求的目标，而是支持我走过忧患的一种力量。生活的磨砺让人对文学有更深的理解，令人内心强大，给人以战胜困难的勇气和力量。

三、结语

从过去三年文学赏析课程的教学经历中，笔者深深地感受到，文学赏析课程能够带给学生美感，提高学生的文化素质和审美情趣。事实证明，学生对文学课程都非常喜爱。以笔者的教学实践为例，2019 年 2 月和 9 月两个学期笔者共开设“外国经典文学选读”“戏剧英语”和“中外诗歌比较与鉴赏”3 门课程，合计 8 个教学班，课程结束后学生对笔者的评教成绩均为最高级（5 星）。在选修笔者的文学课程之后，很多学生开始对文学产生了兴趣，开始自觉阅读经典文学作品以提升自己的素质，部分学生还开始尝试自己写作诗歌，进行“审美创造”。

文学是人学，是语言艺术和人文精神的整合体，不仅给我们审美愉悦，更给我们以心灵的滋养。高校应重视通识教育中的文学课程，培养学生的审美情趣，从而使学生得到全面而自由的发展。

参考文献

[1] 朱光潜. 无言之美 [M]. 北京：北京大学出版社，2013：173，177.

[2] 蔡元培. 精神与人格：蔡元培美学文选 [M]. 合肥：安徽文艺出版社，2015：33，227.

[3] 王春晖. 通识教育语境下的英美文学课程教学改革 [J]. 湖南第一师范学院学报，2016，16 (5)：58-60，64.

[4] 冯惠敏，熊淦，徐仙. 大学生核心通识素养结构的理论建构 [J]. 中国高教研究，2016 (12)：46-51.

[5] 教育部. 关于加强大学生文化素质教育的若干意见[EB/OL].(2004-08-29)[2019-12-15]. http://old.moe.gov.cn/publicfiles/business/htmlfiles/moe/moe_734/200408/2982.html.

[6] 教育部. 国家中长期教育改革和发展规划纲要 (2010—2020) [EB/OL].(2010-07-29)[2019-12-15].http://www.moe.gov.cn/srcsite/A01/s7048/201007/t20100729_171904.html.

[7] 教育部. 关于全面深化课程改革 落实立德树人根本任务的意见[EB/OL].(2014-04-16)[2019-12-15]. http://old.moe.gov.cn/publicfiles/business/htmlfiles/moe/s7054/201404/167226.html.

[8] 蓝仁哲. 语言·文学·人学 [J]. 外语与外语教学，2000 (2)：25-30.

[9] 叔本华. 文学的美学. 生存空虚说 [M]. 陈晓南，译. 北京：作家出版社，1987：198.

[10] 梁启超. 饮冰室合集·文集 [M]. 北京：中华书局，1941：120.

[11] 朱湘. 朱湘书信二集 [M]. 合肥：安徽文艺出版社，1987：186-187.

[12] 屠国平. 大学生汉语言文字能力现状调查与对策研究 [J]. 中国大学教学，2009 (12)：76-79

[13] 叶朗. 美学原理 [M]. 北京：北京大学出版社，2009：406.

[14] 庄严. 在心灵的共鸣中畅享文学之美 [N]. 石家庄日报，2014-12-10 (11).

[15] 康杰. 通识教育选修课《英美文学经典赏析》教学探索 [J]. 课程教育研究，2015 (28)：15-16.

大学生阅读行为及其改进
——基于四川某大学的问卷调研

陈秋生　张同修　姬晓旭

摘　要：本文以问卷形式对四川某大学本科生阅读现状进行调查。调查结果显示，当前大学生具有较好的阅读认知和阅读计划，兴趣是大学生阅读行为产生的首要动力，教师推荐是学生阅读材料的主要来源，缺少阅读氛围、没时间、阅读资源不足是阻碍大学生阅读的主要因素。提升和改进大学生的阅读能力，高校要大力营造良好的阅读氛围和环境；优化培养方案，给予学生更多的自主学习空间；大力丰富图书文献资源，强化对学生的阅读指导。

关键词：大学生；阅读；教师指导

党的十八大以来，以习近平同志为核心的党中央高度重视阅读。2012 年，“开展全民阅读活动”被写入党的十八大报告，“全民阅读”连续七年被写入政府工作报告。倡导和推广全民阅读，成为重要的国家文化发展战略。2014 年，“世界读书日”前夕，李克强总理在给北京三联韬奋书店的回信中指出：读书不仅事关个人修为，国民的整体阅读水准，也会持久影响到整个社会的道德水平。阅读能使人常思常新。好读书，读好书，既可提升个人能力、眼界及综合素质，也会潜移默化影响一个人的文明素养，使人保持宁静致远的心境，砥砺奋发有为的情怀。

第十七次全国国民阅读调查报告显示，2019 年成年国民人均纸质图书阅读量为 4. 65 本，人均电子书阅读量为 2. 84 本，人均纸质报纸的阅读量为 16. 33 期（份），人均纸质期刊的阅读量为 2. 33 期（份），我国成年国民人均纸质图书、报刊和电子书阅读量均有所下降。作为文化生力军的当代大学生也因忙于应对各种课程学习、社团活动、技能考试，加之缺乏良好阅读甄别能力和阅读习惯，阅读能力和现状整体不容乐观。

立德树人是大学的根本任务，阅读是大学生获取信息、提升人文素养的重要途径。围绕大学生阅读能力提升和阅读习惯养成，近年来，南京大学、中国人民大学、四川大学、西南交通大学、西南大学、西南财经大学等国内高校纷纷开展形式多样的经典阅读活动，显示出高校对大学生阅读能力培养和阅读习惯养成的高度重视。鉴于此，本文以四川某大学本科生为样本进行问卷调查，以数据形式呈现大学生的阅读现状及影响因素，为进一步优化大学阅读环境、提升大学生阅读兴趣和能力提供参考。

一、调查对象与方法

（一）调查对象

本次调查以四川某大学全日制本科生为对象，共有 776 人参加调查，其中男生 217 人，女生 559 人，大一学生 104 人，大二学生 355 人，大三学生 247 人，大四学生 70 人，男女生比例与学校在校学生比例基本一致。样本情况统计表如表 1 所示。

表 1　样本情况统计表

项目		人数（人）	比例（%）	项目		人数（人）	比例（%）
性别	男	217	27.96	年级	大一	104	13.40
	女	559	72.04		大二	355	45.75
生源地	省会及直辖市	141	18.17		大三	247	31.83
	中小型城市	428	55.15		大四	70	9.02
	乡镇及农村	207	26.68	成绩排名	班级前 25%	392	50.52
是否为学生干部	是	486	62.63		班级前 26%~50%	231	29.77
	否	290	37.37		班级后 50%~26%	102	13.14
					班级后 25%	51	6.57

（二）调查方法及内容

调查采取网络问卷方式，通过问卷星软件发布，问卷内容主要包括阅读计划、阅读态度、阅读时间、阅读地点、阅读内容、阅读数量以及影响阅读的因素等，问卷以选择题为主，共 18 题，其中开放性题目 2 题，单项选择题 5 题，多项选择题 11 题。

二、调查结果与分析

（一）阅读计划

调查显示，776 位受访者中有阅读计划的为 439 人，占样本总人数的 56.57%；没有阅读计划的为 337 人，占样本总人数的 43.43%。在有阅读计划的学生中，有 303 人表示在大学前已制订良好的阅读计划，占有阅读计划人数的 69.02%。在大一期间制订阅读计划的有 78 人，占有阅读计划人数的 17.77%；在大二期间制订阅读计划的有 42 人，占有阅读计划人数的 9.57%（见表 2）。随着时间的推移，入学越久越难以制订阅读计划。

表 2　阅读计划养成统计表

数据	阶段					
	大学前	大一	大二	大三	大四	合计
人数（人）	303	78	42	14	2	439
比例（%）	69.02	17.77	9.57	3.19	0.45	100.00

值得注意的是，在当前没有阅读计划的学生（337 人）中，有 181 人在进入大学前曾有阅读计划。

（二）阅读数量

学生的阅读数量从书籍（期刊）和文章两个层面统计。其中，每月书籍（期刊）的阅读量在 1~3 本的有 385 人，占总人数的 49.61%；阅读量在 4~5 本的有 131 人，占总人数的 16.88%；阅读量在 6 本以上的有 34 人，占总人数的 4.38%；阅读量不足 1 本的有 226 人，占总人数的 29.12%。

从每月文章的阅读量来看，66.37%的受访者阅读量在 6 篇以上。其中，阅读量在 10 篇以上的有 316 人，占总人数的 40.72%；阅读量在 6~10篇的有 199 人，占总人数的 25.64%；阅读量在 1~5 篇的有 239 人，占总人数的 30.8%；阅读量不足 1 篇的有 22 人，占总人数的 2.84%。

调查结果还显示阅读量与学生的年级呈现出一定的相关性。从年级上来看，82.19%的大三学生和 75.78%的大二学生每月阅读书籍（期刊）在 4 本以上，大四学生和大一学生的这一比例分别为 27.14%、15.39%。在阅读量少于 1 本的学生中，大一学生和大四学生的占比分别为

33.65%、28.57%，大三学生和大二学生的这一比例分别为 4.05%、4.79%，大一学生和大四学生的书籍（期刊）阅读量明显少于大三学生和大二学生的书籍（期刊）阅读量。

究其原因，大二学生和大三学生在学习阶段上正处于专业类课程学习阶段，阅读量大也许与专业课学习要求相关，而大一学生由于正处于大学生活适应阶段，因此还没有形成良好的阅读习惯，而大四学生已基本结束专业课程学习，面对就业和深造压力，也难以保持良好的阅读习惯。

（三）阅读内容

在阅读内容上，学生阅读选择排名前三位的分别为文学艺术类、青春励志类、考试考证类等，其比例分别为 79.51%、41.37%、38.79%；选择社会科学类、经管理论类等专业类作品的分别占比 32.35%、31.57%，表明学生在阅读类型的选择上首先以文学休闲类、考试工具类为主。仅有不到 1/3 的学生对经管理论类书籍感兴趣，这也说明大学生将阅读作为兴趣而非专业学习的有效支撑（见表 3）。

表 3　大学生阅读内容选择

数据	类型							
	文学艺术	青春励志	考试考证	社会科学	经管理论	自然科学	经管实践	其他
人数（人）	617	321	301	251	245	138	76	27
比例（%）	79.51	41.37	38.79	32.35	31.57	17.78	9.79	3.48

从不同年级对阅读内容的选择来看，虽然各年级大多数的学生都选择了文学艺术类和青春励志类作品，但随着年级的增长，其所占比例在逐步下降，尤其是青春励志类作品的阅读选择下降了一半左右；而选择专业类作品的比例在逐年提升，特别是在经管理论类作品和考试考证类作品上表现得更为明显（见表 4）。这表明学生的阅读类型与其人生发展具有相关性，随着学生学习的深入和发展目标的明确，其更愿意阅读与其发展相关的书籍，提升自己的素养和能力，为以后的发展打下坚实的基础。

表 4　各年级阅读类型选择占比　　　　单位:%

阶段	类别							
	文学艺术	青春励志	经管理论	经管实践	社会科学	自然科学	考试考证	其他
大一（104 人）	83. 65	62. 50	9. 62	9. 62	24. 04	19. 23	21. 15	5. 77
大二（355 人）	80. 56	40. 00	34. 93	7. 61	36. 90	16. 90	37. 46	3. 94
大三（247 人）	77. 33	37. 25	33. 20	12. 15	27. 94	18. 62	46. 56	2. 02
大四（70 人）	75. 71	31. 43	41. 43	12. 86	37. 14	17. 14	44. 29	2. 86

（四）阅读材料来源

在阅读材料来源上，教师要求或推荐、自己淘书发现以及豆瓣等榜单推荐是大学生阅读材料来源的主要渠道，同时阅读材料来源又因为性别和年级存在一定的差异性。

数据显示，男生课外阅读材料来源前三位分别是教师要求或推荐、自己淘书发现以及豆瓣等榜单推荐，比例分别为 67. 74%，67. 28%、59. 91%。女生阅读材料来源前三位分别是教师要求或推荐、豆瓣等榜单推荐、同辈推荐，比例分别为 71. 20%、63. 86%、61. 90%。其中，在同辈推荐这个选项上，女生的比例比男生高了 21. 35 个百分点，而在自己淘书发现这个选项上，男生的比例比女生高了 12. 9 个百分点（见表 5）。这说明，女生阅读某部课外作品更倾向于被动推荐，而男生则更愿意自己主动去发现。

表 5　不同性别学生阅读材料来源统计表　　　　单位:%

性别	原因					
	教师要求或推荐	自己淘书发现	豆瓣等榜单推荐	同辈推荐	图书促销	其他
男	67. 74	67. 28	59. 91	40. 55	6. 45	1. 84
女	71. 20	54. 38	63. 86	61. 90	6. 98	1. 07

在不同年级的阅读材料来源上，选择教师要求或推荐的指定材料在大一至大三基本稳定，在大四的时候迅速下降，这可能与大四课程安排

较少及与教师接触少有关系；选择同辈推荐的比例在大学四年分别为65.38%、47.61%、62.35%、61.43%，在大二有所降低后迅速上升；选择自己淘书发现的比例在大学四年分别为51.92%、61.97%、54.25%、60.00%，表现出明显的波动性；豆瓣等榜单推荐的影响则以大一的52.88%迅速上升至大二的64.79%并在大三和大四保持稳定；图书促销对学生阅读选择的影响则由大一的14.42%迅速降至大二的6.20%并在大三和大四逐年下降（见表6）。这说明，随着年级的增长，学生的阅读材料来源越来越广泛，在阅读材料的选择上，学生也越来越有主见和个性差异。

表6　不同年级学生阅读材料来源统计表　　单位:%

年级	原因					
	教师要求或推荐	同辈推荐	豆瓣等榜单推荐	自己淘书发现	图书促销	其他
大一（104人）	73.08	65.38	52.88	51.92	14.42	0.96
大二（335人）	69.58	47.61	64.79	61.97	6.20	1.41
大三（247人）	72.06	62.35	62.75	54.25	5.26	2.43
大四（70人）	62.86	61.43	67.14	60.00	4.29	0.00

（五）阅读行为

此项主要考察大学生的阅读时间、阅读地点和阅读载体。调查显示，大学生进行阅读的时间依次为寒暑假（60.82%）、小长假或周末（58.51%）、大于30分钟的课余时间（57.60%）、小于等于30分钟的课余时间（49.36%）、上课时间（5.15%）、其他（1.13%）。从阅读时间上来看，大多数学生倾向于在有较长的空余时间时阅读。

在阅读地点的选择上，依次为寝室（84.54%）、图书馆（49.23%）、家里（45.62%）、教室（25.77%）、自习室（25.52%）、草坪等室外场所（4.38%）、其他（1.03%），从阅读地点的选择来看，大多数学生倾向于在安静的环境下阅读。

在阅读载体的选择上，93.56%的受访者选择阅读纸质材料；通过手机应用软件阅读的受访者占比为59.92%；通过电子阅读器（kindle）和电脑阅读的受访者占比分别为19.20%、18.81%。从阅读载体的选择来看，纸质载体依然是大学生阅读的首选，但移动阅读载体也深受学生的欢迎。

三、阅读行为的影响因素

（一）阅读计划与阅读量的关系

进一步的分析表明，是否形成阅读计划和学生阅读量及阅读类型显著相关。在书籍（期刊）阅读上，没有阅读计划的学生中有 51.93%的人每个月阅读书籍（期刊）少于 1 本，而有阅读计划的学生中仅有 11.62%的人每个月阅读书籍（期刊）少于 1 本；有阅读计划的学生中有 54.67%的人阅读量为 1~3 本，没有阅读计划的学生的这一数据为 43.03%；在 4 本以上阅读量中，有阅读计划的学生的比例为 33.71%，而没有阅读计划的学生的比例为 5.04%，两者具有显著差异，制订了阅读计划的学生每月阅读的书籍（期刊）数量明显多于没有制订阅读计划的学生。

在文章的阅读数量上，没有阅读计划的学生每个月阅读的文章数主要集中在 1~5 篇，比例为 40.95%；有阅读计划的学生每个月阅读的文章数主要集中在 10 篇以上，比例为 51.71%。显而易见，就每月平均阅读文章数来说，有阅读计划的学生阅读的数量更多。

在阅读类型上，无论是否有阅读计划，学生都首先倾向于阅读文学艺术类作品，但在其他类型的作品的阅读上，有阅读计划的学生对其他类型的作品均有涉猎，较为平衡；而没有阅读计划的学生则有 51.63%选择阅读青春励志类作品，其阅读范围较窄。

（二）阅读行为的激励和阻碍因素

1. 阅读行为的激励因素

笔者对阅读行为的激励因素进行分析，按照“没什么效果”“有点效果”“一般”“比较有效”“非常有效”设置选项，各选项的得分值分别为 0、25 分、50 分、75 分、100 分，该部分剔除选择“不适用”的人。各部分的得分采用加权平均的方法，具体公式如下：

$$每题得分 = \frac{每题各个选项选择的人数 \times 该选项的分值}{每题选择的总人数}$$

阅读促进因素得分表如表 7 所示。

表 7　阅读促进因素得分表

有课外阅读计划，喜欢阅读	觉得有价值，有利于自身发展	出于课程学习或科研的需要	学校开展阅读活动	学校开设经典导读课程	学校建立奖励机制，如颁发奖学金、证书等	及时更新电子及纸质资源	学校设置集体阅读课时	建立阅读分享平台，如应用软件、微信平台
77.45	77.22	67.40	42.07	43.33	62.85	70.26	52.9	60.5

从阅读行为的激励因素（阅读促进因素）得分情况来看，排在前五位的分别是“有课外阅读计划，喜欢阅读”“觉得有价值，有利于自身发展”“及时更新电子及纸质资源”“出于课程学习或科研的需要”以及“学校建立奖励机制，如颁发奖学金、证书等”，得分分别为77.45分、77.22分、70.26分、67.40分、62.85分，说明对阅读的主观认识是激励学生阅读的首要原因，其次是有良好的阅读资源，再次是有相应的制度激励，但选择“学校建立奖励机制，如颁发奖学金、证书”等的比例偏高也反映出部分学生的阅读行为并非自我需求，功利化阅读的思维依然存在。

2. 阅读行为的阻碍因素

笔者对阅读行为的阻碍因素进行分析，按照“完全不符合”“有点符合”“一般”“比较符合”“完全符合”设置选项，各选项的得分值分别为0、25分、50分、75分、100分，该部分剔除选择“不适用”的人。各部分的得分采用加权平均的方法，具体公式如下：

$$每题得分 = \frac{每题各个选项选择的人数 \times 该选项的分值}{每题选择的总人数}$$

阅读障碍因素得分表如表8所示。

表8　阅读障碍因素得分表

不喜欢阅读课外作品	觉得没什么实质性的作用	没什么时间读课外作品	不知道读什么课外作品，没有阅读目标	没有阅读氛围	没有良好的阅读场所	比较难以获取课外作品资源
26.51	23.74	48.52	41.2	50.61	40.66	36.98

从表8可以看出，在影响学生阅读行为的因素中，得分最高的前两个选项是“没有阅读氛围”和“没什么时间读课外作品”，得分分别为50.61分和48.52分；得分最低的两个选项是“不喜欢阅读课外作品”和“觉得没什么实质性的作用”，得分分别为26.51分和23.74分。这说明，当前影响学生阅读行为的原因更多是阅读氛围的缺少和阅读时间的缺乏，而非学生不爱阅读。

3. 教师推荐对学生阅读行为的影响

在学生阅读资料的来源中，教师要求或推荐对学生的影响最大。776名受访者中有727人曾阅读过教师推荐的阅读材料，49人未曾阅读过教师推荐的材料。在727人中，选择“自己感兴趣阅读”的有652人，占

89. 68%，选择“因教师强制要求，与成绩相关”的有 328 人，占 45. 12%；选择“有额外奖励”的有 47 人，占 6. 46%；选择“其他原因”的有 28 人，占 3. 85%。可以发现，内在的兴趣是学生阅读的首要动力，同时将阅读行为与学生学习成绩挂钩的要求会影响学生的阅读行为。

在未阅读教师推荐材料的原因中，共有 740 人参与调查，学生未阅读的原因如下：选择“没有兴趣”的有 492 人，占 66. 49%；选择“没有时间”的有 359 人，占 48. 51%；选择“推荐太多，不知选择哪本”的有 306 人，占 41. 35%；选择“教师不强制要求”的有 164 人，占 22. 16%；选择“没有资源”的有 129 人，占 17. 43%；选择“教师没有交流反馈”的有 104 人，占 14. 05%；选择“其他原因”的有 10 人，占 1. 35%。结果显示，兴趣依然是影响学生阅读行为的首要因素。因此，提升大学生的阅读动力，要在培养其良好兴趣的基础上，给予学生更多的自主阅读空间，同时帮助学生制订良好的阅读计划并强化阅读指导。

四、结论与思考

调查显示，当前大学生具有较好的阅读认知和阅读计划，兴趣是大学生产生阅读行为的首要动力，其阅读载体以纸质阅读材料为主，但网络、手机阅读逐渐兴盛；在阅读内容上，与经管理论类等专业类经典文献相比，学生更倾向于文学艺术类、青春励志类、考试考证类等休闲类和工具类材料；在阅读行为中，缺少阅读氛围、没时间、不知道读什么是阻碍学生阅读的主要因素。基于此，并结合学生的意见和建议，笔者认为，促进大学生的课外阅读，高校应在以下几方面加以改进：

（一）营造良好的阅读环境，帮助学生形成良好的阅读习惯

从大学生的阅读动机来看，兴趣是大学生阅读行为产生的首要动力，而阅读氛围缺失是大学生阅读量不足、浅阅读盛行的重要因素。改变这一现状，高校要从良好的阅读环境营造入手，大力营造具有浓郁书香气息的校园环境，通过将课堂教学与课外阅读相结合、举办各种读书活动等，重塑良好的阅读风气。高校要从新生入学开始培养其保持良好的阅读习惯，可以充分利用校长（院长）荐书、教师荐书等活动以及开展党团读书活动、班级读书活动等方式营造良好的阅读氛围，吸引学生主动读书，热爱读书。

（二）优化本科人才培养方案，深化教学范式改革，给予学生自主学习空间

从大学生阅读行为影响因素来看，大多数学生认为学业压力大，没有时间是影响其阅读的主要因素。从当前我国高校大学生的专业学习和毕业要求来看，大学生毕业学分要求普遍在160学分以上，周学时普遍在25学时以上，再加上参与第二课堂活动、参加课外文体活动的要求，学生的课外学习时间过少，其课外阅读必然会受到影响。要想改变这一现状，高校必须进一步优化人才培养方案，精简课程门数和课堂学时，给予学生更多的自主学习空间。同时，高校要优化教学设计，改革教学内容，提升阅读在教学活动中的地位，精心遴选推荐阅读材料，从制度上保障学生的阅读投入。此外，高校要综合设计、深度融合第一课堂和第二课堂，将阅读活动贯穿于人才培养的全过程，提升学生的阅读参与度。

（三）强化图书资源建设，做好学生阅读的保障

丰富的阅读资源和良好的阅读环境是大学生课外阅读的保障。在影响学生阅读行为的客观因素中，及时更新阅读资源是促进学生阅读行为产生的首要条件，而没有良好的阅读场所、比较难以获取课外作品资源是阻碍学生阅读的主要原因。为促进大学生的课外阅读，高校必须强化阅读资源建设，改善图书馆的设施和阅读环境，为学生提供温馨、舒适的阅读场所，在充分满足学生的纸质阅读材料需求的基础上丰富数字阅读资源，以顺应越来越兴盛的网络阅读、手机阅读趋势，满足读屏时代学生的阅读需求。

（四）建设阅读推广平台，强化阅读指导，提升学生阅读能力

调查显示，当前大学生有良好的阅读认知和阅读动机，但不知道看什么书也越来越影响学生的阅读选择。从大学生阅读材料来源看，读书类应用软件和网络阅读榜单的推荐对学生的阅读选择影响居于前列，但读书类应用软件和网络阅读榜单推荐的材料往往更关注阅读材料的商业推广价值，对阅读材料本身的品质和适用性关注不足，难以满足大学生道德品质的培养和专业能力的提升的需求，这就要求高校注重做好校内阅读平台建设，精心遴选书单，做好优质阅读材料的宣传和推荐，同时强化阅读方法的指导，帮助学生选择鉴别优质阅读材料，提升阅读能力。

大学生思想道德教育有效途径刍议
——基于网络游戏特点视角

吴翔

摘　要：当前高校大学生思想道德教育存在一定问题，具体表现为部分教育内容脱离实际、教育形式较为单一、教育过程彰显学生主体地位不足、思想道德认识与行为教育脱节等。网络游戏因其主体性、生动性、互动性和实践性等特点吸引着广大的青少年学生。本文基于网络游戏的特点反思大学生的思想道德教育，建议要尊重大学生的发展需要，归还其主体地位；德育内容要结合大学生的需求，回归生活世界；教育形式要灵活多样，师生参与互动；加强大学生的道德实践活动。

关键词：思想道德教育；网络游戏；大学生

教育规律表明，德是学生个性的主导因素，对智、体、美等方面的发展起着不可忽视的影响作用。思想道德教育是大学德育的中心任务，其目的在于培养学生学会做人、学会生活、学会学习、学习创造。对于大学生思想道德教育工作，我们常抓不懈，却难受到学生的青睐。网络游戏深受大学生欢迎，我们不妨从网络游戏的特点出发，探寻大学生思想道德教育的有效途径。

一、网络游戏的流行及其特点分析

（一）网络游戏的流行

依据中国数据中心（IDC）在 2002 年 12 月《中国网络游戏 2002 年产业报告》中的定义，网络游戏指利用网际协议（TCP/IP），以互联网为依托，可以多人同时参与的游戏项目①。电子信息技术的迅速发展和互联网的逐步普及促进了网络游戏的迅速扩张。现在，网络游戏正在迅速将其“触角”伸入广大人群中，吸引着越来越多的人尤其是大学生参与其中。

多个省（区、市）的调查数据表明，在各类网络行为中，大学生网络游戏行为最为突出。对北京、上海、广州、成都、长沙五所城市青少年运用互联网状况的抽样调查显示，68.9%的青少年在玩网络游戏……网络游戏占据了很大一部分学生的业余时间甚至是全部业余时间。

（二）网络游戏的特点分析

网络游戏对青少年为何存在如此大的吸引力呢？究其深层原因，网络游戏自身所具有的特点就是非常重要的原因。

1. 主体性

网络游戏的主体性表现在玩家可以自主、自由地选择游戏门类，并且可以自由选择游戏伙伴、游戏时间、游戏地点。大多数网络游戏的进程和结果是由游戏者的操作决定的，这就给了游戏者一个自由发挥的创造空间。多人同时在线的网络游戏可以使玩家在虚拟世界中发挥现实中无法展现的“潜能”或实现“能力”的延伸，充分展现出其主体性。

2. 生动性

很多网络游戏都拥有唯美的画面，并且采用三维人物建模，给人很强的视觉冲击力。游戏者看到的是生动的二维、三维影像，虽然是在虚拟的网络世界里，但给人的感觉却是比较真实的。网络游戏往往还配有震撼人心的声音效果，加上吸引人的故事情节、丰富的文化内涵……无论是视觉上还是听觉上都强烈地吸引着玩家。

3. 互动性

网络游戏的互动性表现在它允许多个人同时参与，玩家在游戏中可以创造自己的角色，并通过控制这个角色的行动与其他人进行对话，在实时的在线交流过程中实现游戏者之间及时的互动。同一个网络游戏允许多人同时参与，玩家在游戏中远离现实、扮演角色、互动交流，玩家可以享受强大的互动性所带来的快乐。

4. 实践性

任何一个玩家所进行的任何一次网络游戏都是主体性很强的实践性

① 梁维科. 网络游戏——青少年德育不可失守的阵地［J］. 社会，2004（3）：61-63.

活动。玩家从游戏门类的选择、游戏伙伴的选择，到具体游戏互动过程中的行为，都是玩家主体性的实践。玩家在这样的主体性实践中感受游戏带给他们的快乐，并乐此不疲。

二、大学生思想道德教育的重要性及误区分析

（一）大学生思想道德教育的重要性分析

从现在的社会环境来看，随着社会主义市场经济体制的全面确立、城镇化的快速发展和大规模人口流动，我国未成年人的生活环境发生了许多新的变化。今天的大学生生活在一个变数极大的世界中——家庭变故、升学竞争、就业挫折、价值观冲突等，于是容易出现“道德失范”现象，这给他们的成长带来了不可忽视的负面影响。

大学生是社会主义事业的接班人，他们将在我国社会主义现代化建设中起到中流砥柱的作用。当然，高校要把大学生培养成社会需要的人才。人才的培养在教育，而思想道德教育是21世纪教育的灵魂。加强大学生思想道德教育至关重要。正如《中共中央 国务院关于进一步加强和改进未成年人思想道德建设的若干意见》中指出的：“他们的思想道德状况如何，直接关系到中华民族的整体素质，关系到国家前途和民族命运。”①

（二）大学生思想道德教育现状及误区分析

当前学校的思想道德教育存在着不少的问题，大学生的整体道德品质状况并不令人满意。虽然我们的德育工作者在大学生思想道德教育方面做出了不少努力，但实效也并不令人满意。道德教育在学校中的重要地位与其成效有待提高的矛盾迫切需要我们去好好反思现有思想道德教育存在的误区。

1. 德育过程彰显大学生的主体地位不足

目前，高校的道德教育工作在一定程度上忽视了大学生的主体地位。这是指传统德育的方向、内容、目标以及过程主要不是从大学生视角出发的，而是把大学生作为被塑造的客体。具体实施德育的过程中往往表现出不注意学生的思想基础、接受能力以及性格特征的差异，采取“一刀切”的方式进行教育，把大学生仅看成一个个受教育者，很少真正考

---

① 人民网. 中共中央国务院关于进一步加强和改进未成年人思想道德建设的若干意见[EB/OL].(2004-02-26)[2020-10-31].http://www.people.com.cn/GB/jiaoyu/1053/2405224.html.

虑其自身的主体地位。部分德育工作者没有能够将有争议的问题、敏感的价值问题以及他们个人真实的想法在教学中展示给学生。

2. 部分德育内容脱离大学生的生活实际

在内容方面，高校思想道德教育的不足之处表现为它脱离大学生的实际生活需要。这方面的问题主要包括道德教育高深的理论远离了大学生的实际生活需要，其抽象难懂的教育内容影响了大学生的理解，并且单一的标准也影响着学生多样化的发展。思想道德教育的内容与现实生活世界剥离，与大学生的人格和心理塑造处在分离状态。思想道德教育的表现形式呆板，大部分是文本形式，趣味性不强，人性化不够，没有更多地从青少年的角度设置教育内容。

3. 德育形式较为单一，无法满足青少年的需求

思想道德教育的形式较为单一，很难引起大学生的学习兴趣。我们的道德教育还是主要采取“一支粉笔、一本书、一块黑板”的课堂教学模式，或者是“听报告、开大会、读报纸”的方式，对有利信息的陈述多于对不利信息的分析，对教育内容的宣讲多于对教育方法的培养，事后的宣传解释多于事先的引导。受教育者在一个封闭的环境里接受“灌输”，而教育者由于信息资源的局限性、表达手段的单一性，很难使德育达到预期效果。

4. 道德认识与道德行为在一定程度上脱离

人的思想品德的形成是知、情、意、行的培养过程，是由简单到复杂、由低级到高级、由量变到质变的矛盾运动过程。思想道德教育呈现出的不良结果之一就是大学生道德认知教育与道德行为教育的严重脱离，大学生知行发展出现脱节。调查表明，许多大学生在思想认识、行为表现以及知行结合上都表现出一系列的问题。一些大学生在某一道德问题上有正确认识，但在行为上却是我行我素。

三、网络游戏的特点给大学生德育的启示

多年来，相关政府部门三令五申，强调思想道德教育的重要性，德育工作者也做出了一定的努力，然而成效却不足。网络游戏在中国流行的时间并不长，却迅速受到广大青少年的青睐。当然，我们需要辩证地看问题，网络游戏的流行并不意味着它完美无缺，它的缺陷特别是对社会造成的不利影响值得我们深思，但这不是本文探讨的问题。审视网络游戏的特点，反思大学生德育的误区，我们可以得到以下启示：

（一）归还主体地位，尊重主体需要

如前所述，各类网络游戏的一个突出的特点就是主体性。这个特点充分顾及到了大学生主动选择、自由选择的心理需求。在德育中，如果把大学生放在被塑造的客体位置上，结果他们就毫无自主性可言。这样的德育无视大学生需求，让大学生处于一种被动的地位，根本谈不上主动参与。没有大学生个体的积极参与，思想道德何谈形成？

教育的主体是学生，思想道德教育作为其中之一更不例外。长期以来，大学生德育工作出现“异化”现象，那就是德育者充当了德育过程的主体，而把大学生当成客体塑造。要提高德育的实效，就要摒弃传统的强制、灌输和惩罚等错误的行为，使德育回归于“人”，体现以人为本的精神，就要尊重学生的主体需要，建立起民主平等的主体性德育观。所谓主体性德育观，是指确立和尊重个体在整个教育目标和教育过程中的主体地位和主体人格，充分发挥其能动性、自主性和创造性，以达到培养有道德的人的目的的道德教育思想。

（二）回归生活世界，内容结合实际

网络游戏吸引了越来越多的大学生的一个原因是其具有生动有趣的内容。很多游戏的内容都竭力模拟现实生活，贴近实际，让游戏者在身临其境的感觉下进行探索。如前面误区分析所述，部分道德教育的内容脱离了大学生的生活实际，脱离大学生的实际生活需要。道德教育要改变这种现状，就要求回归到生活世界，要求在真实的生活世界中焕发出道德教育的生命力。

从发生学的角度看，思想道德教育原本是生活世界的一部分。因此，在德育内容的选择方面，我们建议应当更多关注学生的生活世界，贴近学生，贴近实际。教育活动和人在教育中的生活都是属于生活世界的，生活世界本是教育的根基，是教育之所以能够促进学生个体多种品质生成的奥妙所在。陶行知先生指出：“从生活与教育的关系上说，是生活决定了教育。”生活决定教育，表现为教育的目的、原则、内容、方法都为生活所决定，是为了“生活所必需”。杜威也强调要重视学生的校园生活质量、课堂生活质量，重视学生当下的生活，从当下的生活中来吸取学生发展的动力。先进的思想道德教育，已开始注重面向现实生活、贴近现实生活，尤其是既关注人的生活，又关注社会的发展，以满足和适应“社会发展”和“人的发展”的需要，从而不断更新、充实学校德育内容。

（三）形式灵活多样，师生参与互动

网络游戏中人际交流的虚拟环境，可以使人摆脱时间、地域、性别、年龄、身份等诸多客观因素的限制，缩小人际交往的心理距离，减少心理防卫，玩家可以在网上“毫无顾忌”地进行真实心态的交流，发表自己的意见，真正实现互动。

目前，思想道德教育的形式脱离了大学生的现实需求。在德育方法上，我们要改变强制、封闭、僵化的灌输方法，提倡教育者与受教育者平等交流，运用激励、引导、支持、帮助等积极方法，给学生积极主动参与的机会，从而使学生由道德教育的听众变为道德教育的主体。相关研究表明，做好大学生德育的良性互动需要注意教育中施教和受教双方的互动以及构成学生道德教育工程的各个部分、各个“要件”之间的互动。道德教育互动性可以唤醒生命、激扬生命，引导学生去展示生命的力量。

（四）加强道德实践，知行并驾齐驱

网络游戏过程中，玩家操纵着游戏的整个过程，体会游戏的所有环节，表现出很强的主体性。网络游戏的实践性这个特点也是吸引大学生的一个重要原因。现在思想道德教育出现的问题的症结之一就是大学生道德认知与道德行为的严重脱离，知行发展显现出矛盾性。

道德知识（包括道德规范、道德原理）不同于科学知识之处就在于它是人们社会生活的产物，具有鲜明的实践性。而道德学习本质上是一种体验式学习，是以体验为核心的知、情、意、行整合学习。任何外部影响与教育作用的发挥都必须经过人的体验才能起作用。《中共中央国务院关于进一步加强和改进未成年人思想道德建设的若干意见》指出：“要注重实践教育、体验教育、养成教育，注重自觉实践、自主参与，引导未成年人在学习道德知识的同时，自觉遵循道德规范。”[①] 我们应有针对性地多开展内容丰富、形式多样、切实有效的德育实践活动，在重视理论传授的同时，还要重视实践引导。我们要积极鼓励大学生走出校园，投身社会，培养“服务社会，改造社会”的精神，让大学生在实际的社会交往中，学习辨别真、善、美与假、恶、丑，学习处理好眼前利益与长远利益的关系，处理好个人与集体、社会、国家的关系，学会做人、学会关心，逐步培养道德自觉性，真正提高道德素质。

---

① 人民网. 中共中央国务院关于进一步加强和改进未成年人思想道德建设的若干意见[EB/OL].(2004-02-26)[2020-10-31].http://www.people.com.cn/GB/jiaoyu/1053/2405224.html.

参考文献

［1］佐斌，马红宇. 青少年网络游戏成瘾的现状研究——基于十省市的调查与分析［J］. 华中师范大学学报（人文社会科学版），2010（7）：117-119.

［2］朱小蔓，其东. 面对挑战：学校道德教育的调整与革新［J］. 教育研究，2005（3）：3-12.

［3］肖川. 主体性道德人格教育［M］. 北京：北京师范大学出版社，2002.

［4］孙培青. 中国教育史［M］. 上海：华东师范大学出版社，2000.

［5］鲁洁，朱小蔓. 道德教育论丛：第1卷［M］. 南京：南京师范大学出版社，2002.

浅论高校教师在美育中的重要作用

宋莉

摘　要：美育以通识教育为载体。本文旨在探索通过塑造高校教师人格美、展现教学活动形式美、发掘学科知识内涵美三个方面，充分发挥高校教师在美育中的重要作用，激发学生的学习兴趣，呵护学生的心理健康，提高学生的审美能力，培养学生高尚的道德情操，促进学生全面发展。

关键词：美育；通识教育；人格美；形式美；内涵美

一、前言

通识教育（general education）源自古希腊思想家亚里士多德曾经倡导的自由教育。自由教育假定一种不以掌握任何具体信息和工具性价值为目的的“客观”学习，知识本身就是目的，抛弃功利主义，培养学生具有高尚的道德情操。与曾经盛行的实用主义教育相对，通识教育是一种以人的全面发展为逻辑起点的广泛的、全面的教育，旨在培养人的理智和理性能力，其根本的出发点是人的自我发展和自我完善。

通识教育在继承多元文化的基础之上，以广博的学科知识为内容基础，强调学科知识概念之间的联系，突出思想方法，有助于学生形成对人类知识的总体性和概括性认识，促进学生个性的全面发展，培养正确的人生观和价值观，塑造健全的人格。通识教育为细化社会构建共同的文化基础，为分化严重的社会提供整合力和凝聚力。1999 年以来，教育部在部分高校开始建设了大学生文化素质教育基地，在高校中开展了通识教育的实践。

当前，随着我国改革开放的逐渐深化和社会生产力的长足发展，经济结构力求转型升级，人们的生活水平得到提高，人们对“美”的需求越来越强烈。我国高校承担着为社会培养时代新人的历史使命和历史责任。在大学教育中，领导层和研究者逐渐认识到美育教育在整个学生培养体系中的重要性和迫切性。

美育教育的目的不是获取知识和技能，而是培养学生认识客观世界的态度和方法，升华其思想境界。美育的内涵是指以艺术美为中心，同时兼顾开放的文化美、各学科的思想美和方法美等内容，借助美的感性形象、情感感染和超功利的特点，对社会个体进行教育和熏陶，促进个体形成正确的审美价值观和提升审美能力，引导人们求真、崇善、尚美，从而促进人的全面和自由发展。

爱美之心，人皆有之，古往今来，概无例外。古希腊人以圆为最美，雕塑作品“维纳斯”以黄金分割数来彰显人体之美，庄子崇尚自然之美，王羲之追求汉字书写的飘逸之美。将美育引入教育中，则始于春秋战国时期。孔子高度重视诗、乐等美学教育对培养人才的重要作用。孔子育人提倡“兴于诗，立于礼，成于乐”。孔子认为“礼”可立德安民，“乐”可移风易俗，礼乐相合，教化天下，则国泰民安。荀子认为音乐“可以善民心”，经过音乐的陶冶人性就能实现向善的改变，社会风气也会随之而变。德国诗人和美学家席勒将审美视为人生之最高境界，他在《美学书简》中认为工业化和城市化扭曲了人性，提倡通过美育来重塑人文精神。马克思也重视艺术对人全面发展的促进作用。他认为，艺术使人类能够进行自由创造和提高感受能力。艺术修养的本质是人的才能和器官的一种发展，可以为人类改造客观世界和自身提供动力，生产出全面发展的完整新人。美育是其中重要的组成部分，渗透到人全面发展的各个方面，对整个身心发展都起着催化和促进作用。1912 年，蔡元培在《对于教育之意见》中进一步把美育确定为教育的方针。此后，蔡元培又提出“美育救国”“美育代宗教”的观点。

在中华民族伟大复兴的新时代背景下，美育被赋予了新的内涵和时代特征。习近平总书记在全国教育大会上强调：“要全面加强和改进学校美育，坚持以美育人、以文化人，提高学生审美和人文素养。”2015 年 9 月 15 日，国务院办公厅印发的《关于全面加强和改进学校美育工作的意见》指出：“美育是审美教育，也是情操教育和心灵教育，不仅能提升人的审美素养，还能潜移默化地影响人的情感、趣味、气质、胸襟，激励人的精神，温润人的心灵。”高校应将美育贯穿在学校人才培养体系的全过程和各方面，做到全员育人、全过程育人、全方位育人；加强美育与各个学科之间的渗透和融合，将美育与各学科教学和社会实践活动相结合，挖掘不同学科所蕴含的丰富美育资源，充分发挥人文学科的美育功能，深入挖掘自然学科中的美育价值；围绕美育目标，形成课堂教学、课外活动和校园文化的育人合力；以立德树人为根本任务，将培育和践行社会主义核心价值观融入学校美育全过程，根植中华优秀传统文化深厚土壤，汲取人类文明优秀成果，引领学生树立正确的审美观念、陶冶高尚的道德情操、培育深厚的民族情感、激发想象力和创新意识、拥有开阔的眼光和宽广的胸怀，培养造就德智体美全面发展的社会主义建设者和接班人。

在大学教育的人才培养体系中，美育不是一门独立的学科，应以多学科包括交叉学科为载体，根据学科特点，探索学科思想，发掘学科内涵，以不同的美的形式和内容来感染、熏陶学生，做到“随风潜入夜，润物细无声”，提高学生的审美能力，培养学生高尚的道德情操，使他们身心健康、潜心学习、志存高远，促进学生的全面发展。通识教育在大学培养体系中起着基础作用，强调学科精神，注重人文思想，为美育教育提供了恰当的环境。但是，在教学实践中，如何充分发挥高校教师的重要作用，在通识教育中更好地融入美育，这仍然是一个不断探索和完善的过程。

二、塑造高校教师人格美

人格有多种形式的表述，这里指道德人格。道德人格是人格在道德上的表现，是个体在一定社会中的道德尊严、做人的资格和为人的道德品质及品格的总和。教师的人格包括教师的思想政治、心理素质、品德、知识因素、情感因素和才能因素等方面。所谓人格美，是指教师自身应具有高尚的道德情操和人格魅力，其基本内容包括道德意识美、道德理想美、道德品质美、道德行为美。孔子曰：“礼之用，和为贵。先王之道，斯为美。”孔子所言人格的完善、完美，主要是指人的内心合乎“仁”、合乎“礼”。

（一）教师的人格美对升华学生道德情操具有示范价值

教师是人类灵魂的工程师，承担传播人类精神文明的责任。大学生正处于人生道德和价值观的形成时期，长期与教师接触，往往会以教师作为自己的直接榜样和典范。鸟随鸾凤飞腾远，人伴贤良品自高。高校教师热爱教育和甘于奉献的职业道德、严谨的治学态度、渊博的知识、广阔的胸襟和优雅的举止，都有助于培养、训练、陶冶学生的品德和情操，将教师的内在品德外化为德行，成为学生心目中言传身教的典范。

（二）教师的人格美对学生的学业具有促进作用

教师的学识渊博、教学表达丰富、备课认真负责、待人宽容、评价公正、关爱学生，这些都会从不同侧面影响着学生对教学的认同，使学生产生共鸣，形成榜样作用，引领学生求真求实，探索自然法则和自然规律。教师关心学生成长，解答学生疑问，会激励学生学业进步，从而影响学生对学科的学习态度和学习质量。

（三）教师的人格美促进学生的心理健康

学生的健康包括身体健康和心理健康。现在不少大学生心理脆弱，他们可以享受成功的喜悦，但无法面对失败的教训；他们渴望独立，渴望拥有成功与辉煌，但是又容易丧失目标和动力，迷失方向，甚至走向极端，影响心理健康。因此，教师应多与学生沟通交流，了解学生的诉求和渴望；分析原因，点燃学生心中的希望；鼓励学生勇于面对困难并克服困难，积极探索；悉心呵护学生心理健康。

三、展现教学活动形式美

美育不是一种枯燥的存在或简单的说教，而应以具体课程为实践载体，结合学科特色，开展具有课程特色的美育教学活动。教学活动是指教师传授知识，学生获取知识的过程。教学活动不是简单的知识单向传递的过程，而是教师与学生之间的相互影响和情感同化的过程。大学的通识教育课程开展广泛，对学生的思想品格塑造影响深刻和全面。教师在通识教育的教学活动中可以采取新颖的、多样化的教学手段和教学方法，创设优美的课堂环境，建立融洽的师生关系，规划科学的教学进程。教师通过优美的教学形式，可以让学生甘之如饴地获取学科文化和专业知识，激发学生的学习动机。除了传统教学中的黑板加粉笔之外，教师可以适当使用多媒体工具，掌握现代媒体技术手段，引用网络资源，制作精美的多媒体课件，合理利用动画和模拟演示相关概念的形成过程和性质的运动过程。教师可以运用启发式、研讨式、发现式等多种教学方法，使教学手段丰富，教学内容新颖，教学形式多样，教学反馈积极客观。另外，教师还可以结合慕课和微课等网络课程资源，适当介绍相关概念的历史背景，将学科文化、历史典故融入课程教学中，让学科知识更显丰富和更具美感。

例如，在“马克思主义基本原理概论”课堂上，教师在探讨共性和个性、整体与局部、量变与质变的关系时，可以让学生采取情景剧和音乐剧的形式，由学生自编歌曲，演绎出一个哲学故事。教师可以采取多种审美方式，如音乐、美术、诗歌、散文等教学活动形式，让学生在多元的教学活动中去发现美、感知美、创造美，陶冶审美情趣，体会哲学思想，感悟哲学精神。

四、发掘学科知识内涵美

美包含外在的形式美和内在的内涵美。我们可以通过感官感知事物的外在韵律美、节奏美、和谐美。但是，一个概念、一个公式、一个性质的内涵之美往往蕴含于哲理之中，隐藏于表象之下，体现出理性和严肃的特征。学生需要在准确理解基本概念的基础之上，通过类比和联想，经过艰苦卓绝的思索才能领悟到其中之美。庄子曰：“天地有大美而不言，四时有明法而不议，万物有成理而不说。”在具体学科的通识教育中，教师不能简单地介绍一个公式，或者引入一个概念，或者证明一个性质，而是要将学科知识的内涵之美发掘出来，变枯燥为生动，化抽象为具体，让学生形象生动地理解学科思想和科学精神，将学科知识升华到观点、精神、方法和思想的层次上，从生活、文化和哲学的角度审视科学发展的规律，既学习了学科发展历史上的重大科学事件，又领悟到了科学家在科学发现中的情感、品德和价值观；既了解到社会进步对科学的推动作用，又了解到科学发展对人类文明的推动作用。教师可以培养学生的科学素养和探索精神，使学生进一步掌握科学思想和方法，提高审美能力，形成大局观，实现全面发展。

在学习著名的欧拉公式 $e^{i\pi}+1=0$ 时，教师可以从数学史、数学文化、数学哲学方面对此公式进行评鉴。该公式曾被《数学情报》评为最优美的数学公式，也是人类最伟大的公式之一。欧拉公式同时也体现了事物的对立与统一、量变与质变的哲学思想。教师可以从不同角度以不同形式帮助学生领悟欧拉公式所蕴含的数学美。

在“马克思主义基本原理概论”课程教学中，在学习语言对意识的产生和发展所起的重要作用时，教师可以深挖马克思主义原理的内涵，融入美的思想，从而让学生对审美教育保持浓厚的兴趣，激发学生主动、高效地学习。例如，教师以马致远的《秋思》为例，可以和学生共同探讨枯藤、老树、昏鸦、小桥、流水、人家、古道、西风、瘦马以及断肠人在天涯，这一个个相互独立的表象如何被组合为一种超越纯粹表象组合的表达人生况味的艺术意境，让学生进一步理解人的意识活动不仅仅是以语词“呼唤”或“调遣”了表象，而且是以语词“重组”了表象，以其文化的内涵“照亮”了表象，从而引发学生的情感共鸣和无尽的遐想，进而深刻理解马克思曾说的“语言是思想的直接现实”和“观念是不能离开语言而存在的”。

在教学中，教师还可选取意识中的数感、色彩辨识能力、方向感、联想能力等具有美感的例子，向学生展示语言对意识的影响作用。例如，教师可以举例，在非洲沙漠地区，整日与骆驼打交道的人可以使用400多种与骆驼相关的词汇；而常年生活在冰天雪地的因纽特人，能说出上百种描述雪的相关词汇，让学生理解马克思所提出的语言是伴随劳动产生的，语言是社会的产物，并随着社会的发展而不断演化。

五、结论

通识教育的核心在于增强学生的科学理性与人文精神，这与美育的教学目标一致。高校教师可以利用自身的人格美，组织丰富多彩的教学活动，发掘学科知识内涵，将美育融入通识教育的学科建设中和课程教学中。充分发挥高校教师在美育中的示范和引领作用，有利于培养学生高尚的审美能力和道德情操，立德树人，促进学生的全面发展，培养新时代社会主义事业的建设者和接班人。

参考文献

［1］赫钦斯. 自由教育思想研究［J］. 比较教育研究，2005（4）：7-10.

［2］何骏. 新时代高校美育工作深化的维度与思考［J］. 大学教育，2019（12）：93-95.

［3］黄卫星. 审美价值观的传播与构建——当代美育中的对话与交往［M］. 北京：人民出版社，2011：117-119.

［4］新华网. 习近平在全国教育大会上强调：坚持中国特色社会主义教育发展道路 培养德智体美劳全面发展的社会主义建设者和接班人［EB/OL］.（2018-09-10）［2020-10-31］.http://www.xinhuanet.com/video/2018-09/10/c_129950774.htm.

[5] 新华网. 国务院办公厅关于全面加强和改进学校美育工作的意见[EB/OL].(2017-11-21)[2020-10-31].http://www.xinhuanet.com// shuhua/2017-11/21/c_1121989703. htm.

[6] 孟庆男. 论教师的道德人格美 [J]. 辽宁教育研究，2001 (12)：64-66.

[7] 余时伟，宋莉. 建构主义下微积分教师的教学策略 [J]. 大学数学，2017 (3)：5-13.

高校通识课程与思政课同向同行育人研究

张艳霞　陈昊

摘　要：通识课肩负着提升学生综合素养的使命。本文立足深化通识课改革，在梳理高校各类课程与思政课同向同行育人现状的基础上，讨论了通识课程与思政课同向同行的价值，并从强化思政课的主渠道作用、提升通识课程教师的思政素质、创新通识课程的教学方式、健全通识课程与思政课的协同育人机制等方面提出一些建议。

关键词：通识教育；思政课程；育人途径

习近平总书记在全国高校思想政治工作会议上指出：要用好课堂教学这个主渠道，思想政治理论课要坚持在改进中加强，提升思想政治教育亲和力和针对性，满足学生成长发展需求和期待，其他各门课都要守好一段渠、种好责任田，使各类课程与思想政治理论课同向同行，形成协同效应。通识课程肩负着提升学生综合素养的使命，理应与思政课同向同行。本文将探讨高校通识课程与思政课同向同行育人问题，以此为通识教育改革提供建议。

一、高校各类课程与思政课同向同行育人的现状

2004 年以来，中央前后出台了一系列政策文件，推进改进学生思想道德建设和教育工作。与此同时，上海市也将课程改革的中心从中小学的道德教育课程建设转变为构建全员、全方位的育人格局。在经历了几个阶段的探索之后，从 2014 年开始，上海市委、市政府印发《上海市教育综合改革方案（2014—2020 年）》，推出了“大国方略”等一批“中国系列”课程，并选取了部分高校进行试点，进而深入挖掘专业课程中思想政治教育的资源；同时，将品德教育建设列为教育综合改革重要方向，

逐步推进思政课程转变为课程思政。南开大学树立课程思政的优秀典型，并参照“魅力课堂”标准对授课教师给予奖励。华中农业大学开展课程思政示范建设项目。中山大学建设了具有课程思政要素的精品在线开放课程和微课，并成立了课程思政研究中心。

自各类课程与思政课同向同行提出以来，各高校进行了有益的探索，虽取得了较多的成绩，但仍存在一些问题，如部分思想政治课程教学方式针对性和趣味性不够，一些学生“完成任务式”“走马观花式”学习；一些非思政课教师马克思主义理论素养不够深厚，对自己所教课程的思政功能认识有待深化；部分专业课程和思政课教师各自为政，教师之间缺乏有效的沟通和链接；一些高校协同育人机制还不健全，相关的教师考核、激励等制度有待进一步完善。因此，进一步深化各类课程与思政课同向同行育人改革，有其现实迫切性和必要性。

二、通识课程与思政课同向同行育人的意义

思政课是高校思想政治工作的中心干道，高校要充分发挥思政课在价值引领和人才培养中的中心地位，这是显性思政；也要使各类课程与思政课同向同行，让教师将知识教育与价值观、人生观、世界观引领相结合。高校教师在传授知识的基础上，引导学生将所学内容转化为内在修养，使其成为自己内在建设的有机构成，转化为自己的一种素养，成为自己认识世界与改造世界的基本能力和指引，这是隐性思政。通识课程是培养学生综合素养、促进学生全面发展的人文教育。通识课程与思政课具有天然的联系，推进通识课程与思政课同向同行育人也是显性思政和隐性思政相结合的应有之义。

推进通识课程与思政课同向同行育人具有重要意义。首先，改革通识核心课，在大学生中打牢共同的文化基础，使大学生吸收和掌握人类文明的精华，成为“受过教育的人”，这有利于大学生头脑中的文化知识之间产生共鸣。其次，通识课程改革把人的全面发展放在工作的首位，在将大学生培养成一个专业从业者之外，又使其成为德智体美劳全面发展的复合型人才，这有助于培养大学生健全的人格，令其在科学与人文、实践与理论、专业与思政、知识与道德等方面取得平衡。最后，改革通识课程也是高校发展的客观需求，有助于树立的正确观念，改变“呆板木讷”和“走马观花”的固有教学模式，这对于提高教学质量，激发学生思考有着积极的意义。

三、高校通识课程与思政课同向同行育人的路径

（一）强化思政课的主渠道作用

思政课作为高校开展思想政治教育的主要途径，是一系列系统进行思想政治理论教育的课程，也是运用得最广泛、最全面的思政教育手段。高等学校思政课是大学生思想政治教育的主渠道，思政课是大学生的必修课，是帮助大学生树立正确世界观、人生观、价值观的重要途径，体现了社会主义大学的本质要求。这充分说明了思政课在德育体系中的重要地位，体现了我国社会主义大学的特色和意识形态属性。思政课要坚持在实践中检验和完善，要与各门各类的课程同向同行，共同发挥协同一体效应。高校要深入挖掘课程资源，利用思政课的作用，落地高校思政课体系的创新，推动教材高质量和“可读化”，提高教师队伍思想政治素质，改善教学方式，实现教学情景“可触化”，增强教学的吸引力、说服力、感染力，建设好思政课，以发挥其领航作用。

思政课程转化为课程思政，在思政教育改革中举足轻重。首先，思政课程在实践中积累的经验教训对课程思政改革有着重要的借鉴价值。思政课程所运用的教学方法、教学思路、教学氛围虽有别于专业课程教育，但思政课程教学中所使用的技巧、传达的思想观念与课程思政大体一致。通过思想政治教育提高教师的专业修养，再通过思政教师的知识传授，思政课程对课程思政的引领和示范作用可以得到发挥。其次，要发挥马克思主义理论在学科与意识形态协同建设中的引领作用。高校要以马克思主义的基本立场、观点和方法引导不同学科的多样化发展；要凸显马克思主义理论学科的意识形态属性，并提升其理论研究力、现实阐释力等，通过与其他学科的融合发展发挥其领导力。

（二）提升通识课程教师的思政素质

教师是推进课程思政的关键所在，教师对高校立德树人的认知高度和理解深度关系着通识课程思政的质量。教师要从新时代伟大工程、伟大斗争、伟大事业、伟大梦想的高度，深刻意识到高校立德树人的使命和责任，深刻认识高校立德树人的价值，增强紧迫感和危机感。教师要站在“四个引路人”和“四个相统一”的高度，深刻认识高校立德树人的使命，增强荣辱感和自觉性。当前，通识教育的师资水平不仅是制约通识教育质量提升的一个瓶颈，也是实现通识课程与思政课同向同行的关键。因此，高校必须提升通识课程教师的思政水平和综合素质，建立

健全通识课程教师培训体系，制订并不断完善培训计划，促使教师在教学使命、知识框架、实践能力等方面与思政课改革相匹配。

“课程思政”的效果受教师的育人意识和育人能力影响很大，而育人与授业是相辅相成、相得益彰的。提高育人意识、丰富育人方法可以实现教师教学能力和水平的提升。首先，教师要准确掌握将思想道德教育融入课程教学中的手段，实现由教授死知识的“教书匠”向塑造学生品行、人格的“夫子”的转变。其次，通识课程教师和思政课教师要加强交流和联系，进行沟通和思想碰撞，在潜移默化中改变专业课教师对思政课的观念。最后，高校应该对通识课程教师组织思政知识培训，通过举办定期和不定期的思想政治讲座，及时传达国家最新的方针政策，提高专业课教师的思想政治素质。

（三）创新通识课程教学方式

在传统通识课程的教学中，教师通常通过通俗且生动的口头语言向学生传授知识，也就是使用讲授法，有时会辅以讨论、演示或者练习的方法去巩固知识点，以加深学生的印象。在整个教学过程中，学生的专注力在于新知识的汲取上，而课堂育人的空间并没有被完全开发。要想在授课的同时让学生产生价值观的共鸣和认同感，将社会主义核心价值观润物细无声地被学生接受、认同并践行，这需要改变传统的教学方法。创新通识课程教学方式，必须在最初的教纲撰写时就要确立课程思政目标，改变单一培养目标制，培养学生全面发展。

随着互联网的发展，“互联网+通识教育”兴起，有利于促进通识课程教学形式多样化。首先，教师可以利用互联网信息易传播、易收集数据的优势，使用网络问卷调查、网络记录数据分析等技术手段，了解学生需求，利用QQ空间，通过分析“说说”浏览量、点赞数和互动情况了解大学生对思政课的认知，掌握大学生的价值观念、生活学习状况等，建立大学生思想政治状况数据库。其次，教师可以通过微信公众号等新型信息交流媒介，利用其易操作、易普及等优点，潜移默化地对学生进行思想政治教育，形成覆盖全校的“思政网络”。最后，“幕课”等网络教学形式日益受到当代大学生的追捧，教师可以加强通识课程的网课建设，提高思政教育网课的质量，最终达到突破思想政治教学的空间限制、时间限制、对象限制的目的。

（四）健全通识课程与思政课协同育人机制

健全通识课程与思政课协同育人机制，就是要通过领导机制、管理机制、运行机制以及评价机制的建设和完善从而保障“课程思政”稳健运行。高校既要加强教师工作部等组织建设，强化组织保障，又要合理分配资源，加大投入，确保基础保障到位。制度保障的健全还需要高校党政部门的支持。高校可以通过校领导的亲自授课、听课、指导，发挥对“课程思政”建设的引领作用。同时，高校可以通过对课程建设规范条例及课程评价标准的完善，充分利用教育资源，引进人才，培育示范课程和团队，制定激励机制，以达到让每位教师都参与其中的效果，从而形成凝聚力，使课程思政发挥联动效应。

同时，高校还可以搭建课程思政交流平台，建立配套的协同育人制度保障体系。平台是基础，而制度是保障。高校要通过交流平台实现在教师与教师、教师与学生之间的有效运转。高校要加强教师队伍的绩效考核，将高校教师的思想政治教育水平、对学生日常学习生活的了解程度、心理健康等隐性投入列入评价考核范围。在教师方面，高校要加大思政改革工作的宣传力度，开展协同育人经验交流会，举办学生思想政治教育成果展等，给予在思想政治教育中表现优秀的教师相应的奖励。在学生方面，高校要将学生的思政课学习成绩，尤其是课堂表现和小组任务与学生评奖评优相挂钩，对在思想政治宣传活动过程中工作出色的学生干部进行奖励和宣传，树立典型，设立“最佳思政宣传者”奖项，不断提升其在师生中的影响力。

四、总结

高校通识课程与思政课同向同行育人模式改革是我国教育改革的必由之路，从教师和学生抓起，是提升我国国民综合素质的重要举措，也是增强我国人民道路自信、理论自信、制度自信、文化自信的不二之选。目前，高校各类课程与思政课在同向同行育人中，虽然取得了一定的成就，但是依然存在很多问题，只有脚踏实地把这些问题一一解决，才能推动我国思想政治教育改革的深入发展，推动我国教育进入新的阶段，实现教育立德树人的目标。

参考文献

［1］习近平. 全国高校思想政治工作会议情况报告［N］. 人民日报，2016-12-09（1）.

［2］燕连福，温海霞. 高校各类课程与思政课同向同行育人的问题及对策［J］. 高校辅导员，2017（4）：13-19.

［3］刘志来，李风兰. 大学生对思政类QQ说说信息反馈的特征和建议［J］. 学校党建与思想教育，2019（10）：46-49.

高校中华优秀传统文化教育范式创新研究
——以西南交通大学中华优秀传统文化活动和课程为例

王洋　石金丽　刘云

摘　要：习近平总书记在庆祝中国共产党成立95周年大会上强调："文化自信，是更基础、更广泛、更深厚的自信。"中华优秀传统文化是中华民族的精神命脉，是中华民族的突出优势，是我们的文化自信的重要来源。本文探讨高校图书馆在传承和弘扬中华优秀传统文化中发挥的重要作用以及如何将阅读推广与中华优秀传统文化有机结合，创新出全新的教育范式。

关键词：高校图书馆；传统文化；阅读推广；创新

"文化是一个国家，一个民族的灵魂。"代代相传的中华优秀传统文化是中华民族发展创新、继往开来的根基，给中国人以深远的影响和有益的滋养。

习近平总书记在庆祝中国共产党成立95周年大会上强调："文化自信，是更基础、更广泛、更深厚的自信。"党的十八届六中全会强调，坚定对中国特色社会主义的道路自信、理论自信、制度自信、文化自信。中国人民的理想和奋斗、中国人民的价值观和精神世界、中国人民的自信心，始终植根于中华优秀传统文化的沃土，随着历史前进而不断与日俱新、与时俱进。中华优秀传统文化是中华民族的精神命脉，是中华民族的突出优势，是我们文化自信的重要来源。坚定文化自信，要求我们深入学习贯彻习近平总书记关于传承和弘扬中华优秀传统文化的系列重要论述，珍惜价值，古为今用，弘扬精华，创新发展。

大学是传统文化的重要传播阵地之一。当前全民阅读推广模式在不断创新，各高校图书馆阅读推广活动也开展得如火如荼。发挥好高校图书馆传播传统文化的平台作用，对中国传统文化的弘扬与发展以及对大学生阅读习惯的养成具有极其重要的意义。

一、中华优秀传统文化与高校经典阅读推广

（一）中华优秀传统文化

中华优秀传统文化是指由居住在中国地理区域内的中华民族及其祖先所创造的、为中华民族世世代代所继承发展的、具有鲜明民族特色的、历史悠久、内涵博大精深、传统优良的文化。中华优秀传统文化已经植根于中华民族几千年，在漫长的历史长河中，中华优秀传统文化对中华儿女产生了深远的影响。

辉煌的文学艺术成就、浩瀚的文化文献典籍、睿智的哲学宗教思想、完善的社会道德体系、独特的语言文字形态、多彩的地域传统文化、神奇的中国医药学、丰富的民俗民风、萌生最早且曾经长期领先世界的科学技术等都是中华优秀传统文化的精髓所在。通过对记载中华优秀传统文化的典籍进行阅读推广不仅可以让师生了解中国文化的精髓，也可以使中华优秀传统文化根植于每一个中国人的心里，潜移默化地影响着中国人的精神、心理、思维和行为方式。

（二）高校经典阅读推广

2015 年出台的《普通高等学校图书馆规程》第三条明确指出，图书馆的主要职能是教育职能和信息服务职能。图书馆应充分发挥在学校人才培养、科学研究、社会服务和文化传承创新中的作用。高校图书馆是高校教学和科研工作的重要组成部分，教育职能是其基本职能。高校图书馆是高校的信息中心，担负着长期收集、存储并传播文献信息的功能，围绕教学以及师生需求开展并提供形式多样的信息服务。高校图书馆的服务职能不仅包括信息服务职能，还包括文献资源的保存职能与为社会公众提供服务的社会职能。

阅读是人类进步的阶梯，也是人们获取新知的重要途径。人们可以通过阅读达到自由学习、获取知识、提高自身修养的目的。也就是说，个人的阅读能力在很大程度上影响着学习、获取知识的能力。因此，全民阅读推广活动是个人乃至社会文明发展过程中不可或缺的工作，必须受到国家、社会以及个人的高度重视和响应。在当下的大学校园，图书馆阅读推广活动的开展不仅为师生获取知识提供良好的阅读平台，还能充分利用自身资源优势科学地引导读者的阅读与学习，保证了个人自由

阅读的权利，这也正是高校图书馆阅读推广活动的目的所在。

二、多元文化视域下高校中华优秀传统文化教育范式创新

飞速发展的信息时代也是外来文化入侵和多元文化渗透的历史时期。与此同时，文化断层和国内教育中传统文化的缺失与忽略，使得传统文化的保护、传承、发扬光大产生了明显的漏洞。市场经济条件下的多元文化对人们具有强大的冲击力。在校学生读者群对以新媒体为传播介质的数字化阅读具有很强的接受能力，这在一定程度上造成了年轻读者习惯于网络阅读模式，对于手捧书卷式的传统阅读方式和传统文化的美妙之处缺乏足够的认识与理解，甚至一味地排斥。因此，新时代高校图书馆的阅读推广要针对读者的个体特点，将传统文化的要素寓于现代化的阅读推广之中，开辟出传统与现代相结合的阅读推广模式，从而达到全民阅读和提升人们文化素养的目的，最终实现传统与现代的互通共融。

西南交通大学以经典阅读为抓手，以“整合多元资源、创新展示形态、举办特色讲座、征集竞赛并举、契合学生心理、以‘观’带‘读’、打造通识课程”的做法，打造“多位一体”传统文化教育范式，形成凝聚传统文化教育合力，立体展现传统文化魅力，提升传统文化习得素养，激励学生群体广泛参与，重视文化传播时代特色，引导学生自觉亲近传统，以实践深化传统文化体验的态势，充分发挥传统文化教育在大学生人才培养中的整体效应。

（一）整合多元资源，凝聚传统文化教育合力

在传统文化教育上，西南交通大学图书馆牵头，充分联合校团委、学工部、党政办公室、党委宣传部、离退休工作处、国际合作处、后勤与基建管理处、人文学院、竺可桢书院、西南交通大学附属中学、西南交通大学子弟小学、西南交通大学幼儿园、学生社团等单位，将校内分散的资源集中整合，以凝聚传统文化教育合力。

（二）创新展示形态，立体展现传统文化魅力

西南交通大学多形式、多层次展现传统文化形态，让广大读者感受中华优秀传统文化的魅力和内涵，激发学生的爱国热情与民族文化认同。“当‘印象’遇上‘水墨’——西方印象画派与中国传统书画联展”“非遗文化进校园：中国最后的绿陶——‘巴蜀工匠·会理绿釉烧制技艺’互动体验展”“桂子飘香季，又见刀画来——刀笔油画展”、图书馆古籍特藏书库珍贵古籍及特藏文献展、国学文献专题展览等多种文化展示活

动异彩纷呈。

（三）举办特色讲座，提升传统文化习得素养

西南交通大学通过举办专门性质的讲座，让师生对传统文化产生兴趣。例如，“百年学府话诗心——《中国诗词大会》交大行”活动、刀刀“见”画——刀笔油画讲座、国学系列讲座、“孔子对中华民族的贡献”“从西南交大所藏文献看古代书籍版刻”“古籍丛书的价值及西南交大的古籍丛书”等专题讲座以及与四川省图书馆联合举办“巴蜀讲坛进高校”名家讲座。

同时，西南交通大学通过举办与传统文化相关的数据库使用培训讲座，如民国时期期刊全文数据库及晚清期刊全文数据库、中国基本古籍库及传统文化图书馆数据库使用培训等，以提高全校师生传统文化的习得素养。

（四）征集竞赛并举，激励学生群体广泛参与

西南交通大学以竞赛和征文的方式双管齐下，激励在校学生群体广泛参与，带动校园传统文化氛围的营造。代表性的活动有“亲爱的夫子——尊师重道主题征文活动”“君自故乡来——怀乡追远主题征文大赛”“品先贤经典，竞国学智趣——9·28孔子诞辰日知识竞赛”“经籍志林传统文化答题挑战赛”“经典阅读进课堂——优秀学生活动作业展”“经典的力量——一站到底挑战赛”等精品活动。

（五）契合学生心理，重视文化传播时代特色

西南交通大学以契合学生年龄、心理的新形式，激发师生对传统文化的亲近之情，寓教于乐，重视文化传播的时代特色，深化传统经典在西南交通大学的影响力。代表性的活动有“子曰”快闪活动、孔子知多少——“交大国学风”校园采访活动等。

（六）以“观”带“读”，引导学生自觉亲近传统

西南交通大学通过优秀影片，以观看影视作品的方式，带动师生对传统文化的阅读，引导师生亲近传统文化。代表性活动有孔子！孔子——孔子题材优秀影视展播、岁月深处的精魂——中华优秀传统文化纪录片展播活动等。此外，值得一提的是，西南交通大学图书馆携手西南交通大学新闻中心电视台，联合策划录制了本土化的微视频《书影时光》，其中有《诗经》《古文观止》等传统经典文化推介视频。

（七）打造通识课程，以实践深化传统文化体验

西南交通大学打造了多门跨学科通识传统文化教育课程，将传统文

化知识嵌入课堂。课程不但注重理论教育，还注重实践教育，带领学生深入川剧院、蜀绣博物馆、非遗中心、陶艺工作室、传统服饰制作工坊、相声社进行深入体验，零距离感受原汁原味的传统文化艺术。西南交通大学图书馆还联合校工会教职工亲子教育协会，主张对教职工未成年子女进行传统文化教育。代表性课程有“玩”转中华优秀传统文化、经典名著导读、阅读与欣赏等。

三、中华优秀传统文化教育新范式的初步成效

在中华优秀传统文化教育新范式下，西南交通大学在传统文化教育方面取得初步成效。

（一）跨界联盟教育范式形成

西南交通大学在跨界阅读推广中，联合了不同推广主体。这种多元协作式的联盟推广，实现了资源的整合和优势的互补，丰富了高校图书馆阅读推广的元素及内涵。由此可见，高校图书馆与不同的社会组织、机构或个人合作，采用相应的途径和方式，开展与阅读推广相关的文化活动和工作，有利于不同主体、不同元素之间的相互融合和渗透，通过多方合作为读者提供阅读的便利，满足不同群体的阅读需求，进而实现阅读资源共建、共享以及协同推进阅读工作的目的，拓宽了社会力量参与全民阅读推广的渠道。

（二）创新课程互动体验

“玩转”中华优秀传统文化课程在教学中不断探索和改革，邀请非遗传承人、传统艺术家和传统文化企业家走进课堂，与学生面对面交流，使学生对传统文化的内涵、意义和现状有了全新的认识和深刻的理解。通过亲身体验和动手实践，学生体会到传统文化的博大精深、传统文化艺术的技艺精湛，感受到了强烈的中华优秀传统文化的冲击。教育与艺术的融合使学生印象深刻，深受感动。同时，该课程要求学生结合自身所学和专业特色，在传统文化传承方面有所创新，学生在学习体验传统文化的同时，在科研和发明创造中融入了中华优秀传统文化元素，希望传统文化的内涵能够入脑入心，为传统文化传播和普及注入了新的生机，在传统文化教育方面实现了新的探索。有学生表示：“课程内容丰富多彩，既有历史趣闻也有专业知识，授课方式灵活多变，幽默风趣，带给了大家学识。”也有学生表示：“很多时候传统文化不是那么容易接近，它们要么高高在上，要么深藏幽巷。当自己有了这样的机会，一下就被

感动了。这样的课堂才是大学课堂，这样的传统文化才是民族骄傲。希望传统文化能够被更多的人接触、了解、传承、发扬!”

四、结语

“文化兴国运兴，文化强民族强。”时代的发展和阅读方式的改变要求高校图书馆要与时俱进，有针对性地对读者群体在阅读推广活动中进行科学引导，并适时在阅读推广中对读者进行中华优秀传统文化教育。中华优秀传统文化的传承与发扬光大是高校图书馆义不容辞的职责，高校图书馆应充分利用阅读推广活动的读者服务平台，创新阅读推广服务模式，丰富阅读推广服务内容，通过多元创新性的文化展示，进而将阅读模式有效地融入中华优秀传统文化建设中，从而真正体现出高校图书馆的社会价值。

参考文献

[1] 教育部. 关于印发《普通高等学校图书馆规程》的通知[EB/OL].(2016-01-04)[2020-10-31]. http://www.moe.edu.en/sresite/A08/moe736/x3886/201601/t20160120 228487.html.

[2] 新华网. 李克强代表国务院作政府工作报告[EB/OL].(2014-03-05)[2020-10-31].http://news.xinhuanet.com.

[3] 陈华洲. 思想政治教育资源论 [D]. 武汉：华中师范大学，2007.

[4] 周向华. 当代大学生经典阅读的现状与引导——基于安徽师范大学图书馆2013—2016年读者阅读数据的分析 [J]. 高校辅导员学刊，2017 (6)：63-67.

[5] 姚爱武. 大学生的不良阅读与图书馆的应对 [J]. 安徽教育学院学报，2010 (5)：101-103.

[6] 白涛. 新媒体环境下公共图书馆基于青少年阅读服务策略 [J]. 内蒙古科技与经济，2015 (17)：147-148.

[7] 赵立爱. 多元文化背景下加强大学生优秀传统文化教育的思考——以齐鲁工业大学为例 [J]. 中国成人教育，2015 (18)：72-74.

[8] 刘云，高凡，王洋，等. 高校图书馆跨界开展阅读推广活动的创新探索——以西南交通大学为例 [J]. 四川图书馆学报，2019 (2)：60.

工程数学教学中美育教育的探索

谢灵红

摘　要：本文用工程数学中大量的内容说明它的简洁美、和谐美、奇异美、实用美，工程数学美育教育对提高学生的数学直觉能力、培养学生的创造能力、树立辩证唯物主义思想观有促进作用，极大地调动了学生主动学习的积极性。

关键词：工程数学；简洁美；和谐美；奇异美；辩证唯物主义思想

如何促进学生由传统被动学习转化为主动学习，提升学习效率，是一个非常值得探讨的问题。本文以工程数学为例，从美育教育角度进行探讨。工程数学内容主要覆盖复变函数、积分变换、数学物理方程等内容。多数学生将这门课程与枯燥无味、晦涩难懂等词语联系在一起。教师应在工程数学教学中培养学生认识工程数学美、发现工程数学美、欣赏工程数学美、创造工程数学美，从而激发学生对工程数学的学习兴趣，使学生的学习由被动变为主动。

一、工程数学教学中如何渗透美育教育

工程数学具有简洁美。工程数学的简洁美是指工程数学的证明方法、表达形式和理论体系的简单性，主要包括符号美、抽象美、统一美和常数美等。例如，复变函数中著名的欧拉公式 $e^{i\theta} = \cos\theta + i\sin\theta$，不仅建立了指数函数、三角函数、复数本质联系，而且涵盖了所有的三角公式：

$$\cos^2\theta + \sin^2\theta = (\cos\theta + i\sin\theta)(\cos\theta - i\sin\theta) = e^{i\theta}e^{-i\theta} = e^0 = 1$$

如令 $\theta = \pi$，则得 $e^{i\pi} + 1 = 0$。这个公式把数学中“五朵金花”——0，1，i，e，π 有机联系在一起，统一在一个结构如此简单的公式里。通过教师的引导，学生可以充分感受到工程数学中的简洁美。

工程数学具有和谐美。和谐就是多样的统一的具体表现，它反映了各种对立因素之间的统一和多种非对立因素之间相互联系的统一。和谐给人以对立、平衡、统一的美感。

代数基本定理如下：在复数范围内，一元 n 次方程有 n 个根（包括重数）。该定理是初等代数发展的顶峰，而在实数范围内，结果有多种可能，有可能无实根，有可能有 $k(k \leqslant n)$ 个实根。而在复数范围内统一起来，根的个数和方程的次数是一致的。

泰勒级数和洛朗级数的展开式，对于各种不同的复变函数不管有多复杂，只要满足一定的条件都能表示统一的形式。

傅里叶变换和拉普拉斯变换是给各种类型的偏微分方程（波动方程、扩散方程、拉普拉斯方程等）提供了一种统一的求解方法，就好比从前解“四则问题”时各种难题有各种解法，而运用代数方程以后，就有了统一的简便的解法，这就体现数学的统一美。

复变函数论中，分式线性映射如下：

$$w = \frac{az+b}{cz+d} = \frac{a}{c} + \frac{bc-ad}{c^2} \cdot \frac{1}{z+\frac{d}{c}}$$

这相当于平移、倒数、旋转变换的合成，它能保持交比不变性，即建立了 z 平面与 w 平面间的共性（保角）映射，它在不同平面变换中具有保角性、保圆性、保对称性等不变性质，这在现代偏微分方程边值问题以及电学、流体力学等问题中都是常用的。

工程数学具有奇异美。奇异美是神秘美、对比美、滑稽美，结论新奇，不可思议。例如，广义函数及其傅里叶变换，可以看出引入广义函数后，一些在普通意义下不存在的积分，有了确定的数值。工程技术上许多重要函数的傅里叶变换都可以利用广义函数及其傅里叶变换很方便地表示出来，并且使许多变换的推导大大地简化。

工程数学具有实用美。工程数学广泛应用于人类社会的各个方面，有效解决了工程应用中遇到的问题，在其他学科中得到了广泛的应用。例如，物理学上有很多不同的稳定平面场。所谓场，就是每点对应有物理量的一个区域，对它们的很多复杂的计算就是通过复变函数来解决的。俄国的茹柯夫斯基把飞机机翼看成平面的一个区域，就用复变函数论解决了飞机机翼的结构问题。又如，利用傅里叶变换或拉普拉斯变换的性质来解常微分方程，其方法是先取傅里叶变换或拉普拉斯变换把微分方程化为象函数的代数方程，根据这个代数方程求出象函数，然后再对象函数取逆变换就得出原来微分方程的解。

二、美育在工程数学教学中的必要性

工程数学中的美育教育能够使学生提高数学直觉能力，数学直觉对于工程应用规律的发现是不可缺少的。美育帮助记忆，促进理解和融会贯通。数学美育能够促进学生思维的科学性，提高思维的质量与效益。

工程数学中的美育教育能够培养学生的创造能力，良好的美感能够诱发人的创造性思维，对于提高类比、联想、想象等特殊思维能力起着重要的作用。学生可以增强发明创造的信心，因为对奇异美的追求本身就是一种发明创造。

三、培养学生的辩证唯物主义思想观

工程数学中的美育教育能够帮助学生树立辩证唯物主义思想观。唯物辩证法普遍联系的观点、对立统一规律、否定之否定规律广泛地存在于工程数学理论中，如复变函数、积分变换、数学物理方程之间是相互联系的，共性变换中数与形结合思想、级数中展开、有限与无限、积分变换中变换思想都体现变与不变、对立统一的关系。

四、结语

美育因子和工程数学相关理论相结合，极大地调动了学生主动学习的积极性，吸引学生的注意力，开发学生的好奇心，提高学生的学习兴趣，使得学生热爱工程数学，愿意去学好它和使用它，增强发明创造的能力。

参考文献

[1] 西安交通大学高等数学教研室. 复变函数 [M]. 北京：高等教育出版社，1996.

[2] 南京工学院数学教研组. 积分变换 [M]. 北京：高等教育出版社，2001.

[3] 蔡金法. 数学教育中的美育 [J]. 数学通报，1986 (7)：14-18.

[4] 张文俊. 数学欣赏 [M]. 北京：科学出版社，2011.

“双一流”建设背景下师资队伍建设服务于本科教育的创新路径研究

李建艳

摘　要：在“双一流”建设背景下，本科教育的重要性更加凸显，但对本科教学与人才培养的疏离也应予以足够的警惕。师资队伍建设既是人才培养的载体，更是人才培养的基础，服务人才培养是本科教育的本质属性，也是大学社会职能的核心内容。师资队伍建设又是本科教学中服务人才培养的重中之重。基于此，本文从师资队伍建设与本科教育规划的顶层设计确定引才育才的核心思想和举措、学术大师与教学名师的双师型人才培养、营造良好的育才成才环境方面入手，探索提升本科教育质量的新路径。

关键词：“双一流”；师资队伍建设；本科教育

2015年8月，中央全面深化改革领导小组审议通过了《统筹推进世界一流大学和一流学科建设总体方案》（简称“双一流”建设），总体目标指出，到2020年，若干所大学和一批学科进入世界一流行列，若干学科进入世界一流学科前列。2016年2月，教育部印发《教育部2016年工作要点》，制定了“双一流”建设的实施办法。“双一流”建设是国家在新的历史时期，为提升我国高等教育质量、增强国家核心竞争力和综合国力而做出的重大战略决策，为我国今后高等教育的发展提出了明确的建设目标和方案，更加明晰一流本科教育是“双一流”建设的基础。2017年9月，《教育部　财政部　国家发展改革委关于公布世界一流大学和一流学科建设高校及建设学科名单的通知》发布，是国家继“211工程”及“985工程”后，在新时期背景下对高等教育发展做出的新部署。

同时，习近平总书记在党的十九大报告中强调优先发展教育事业，需要加快世界一流大学及一流学科的建设，实现高等教育的内涵式发展。“双一流”建设对于我国高等学府来说，既是前所未有的挑战，也是百年难得的机遇。2018 年 1 月 30 日，教育部发布了《普通高等学校本科专业类教学质量国家标准》（以下简称《国标》）。习总书记强调，“办好我国高校，办出世界一流大学，必须牢牢抓住全面提高人才培养能力这个核心点”。《国标》与“双一流”建设总体方案紧密结合起来，是推动本科教学改革的关键所在。在“双一流”建设背景下，在高校特别是地方本科高校学科建设越来越脱离教学的情况下，我们应该如何看待本科教育在一流大学建设中的位置？如何看待“双一流”建设中师资队伍与本科教学中人才培养的关系？回答好这些问题，对实现以本科教育为抓手建设一流高校的战略目标具有重要的现实意义。

一、“双一流”建设视域中的本科教育对高校师资队伍建设的新要求

人才培养是高校的根本使命和价值目标。任何性质的大学都首先应把人才培养当成自己的根本使命和价值目标，衡量大学办学水平的最重要指标不是学科的学术水平，而是学科的教育水平，“本科教育最好地检验了大学的成效”①，忽视本科教育中的人才培养，大学就失去了其赖以生存的基础。例如，在麻省理工学院（MIT），有一种观念深入人心——本科课程和教育构成了学校的核心，这是其在美国乃至世界上居于领先地位的关键所在②。而本科教育人才培养中拥有高水平、国际化的师资队伍无疑会助力一流本科教育建设。

（一）以高水平师资引领一流本科教育建设

高水平师资，特别是学科领军人物，他们一般学术成就突出、学术影响力大、学术视野开阔，可以发挥个人学术标杆作用吸引多个学术研究团队加盟组建教学团队，形成高层次人才的集聚效应，甚至可以在短时间内较大幅度提升所在高校本科教育的专业建设水平和专业排名。同时，对内而言，高水平师资的注入，一方面可以发挥引领示范作用，整合资源和力量，培育建设高水平教学团队，形成良好的学术引领教学的

① 弗兰克·罗德斯. 创造未来：美国大学的作用［M］. 王晓阳，等，译. 北京：清华大学出版社，2007.

② 查尔斯·维斯特. 一流大学卓越校长：麻省理工学院与研究型大学的作用［M］. 蓝劲松，译. 北京：北京大学出版社，2008.

氛围。另一方面，新引进的高水平师资会对校内原有教师造成一定的压力，两者形成竞争态势，在“不进则退”的压力下，校内原有教师主动学习、主动融入，努力在一流本科教育建设过程中找到自己的发展定位。因此，引进高水平师资，发挥他们的引领、促进、带动作用，是保障一流本科教育的重要条件。

（二）对标国际先进水平，提升师资国际化水平，筑牢本科人才培养的核心地位

一流的本科教育是一流大学的重要基础和基本特征。本科教育在人才培养工作中占据基础地位是大学教育的主体组成部分。纵观国内外一流大学，其普遍将本科人才培养和本科教育质量放在学校发展的重要战略地位，将培养一流本科生作为学校发展的重点目标。培养一流本科生的师资队伍就需要对标国际先进水平，与国际接轨，才能寻找目标和差距，为建设世界一流本科教育和一流大学设计合理的实现路径。世界上多所顶级名校的师资国际化水平都远远超出普通高校，这是建设一流大学本科教育的成功经验。因此，在“双一流”建设过程中，师资队伍建设同样要走国际化发展道路，开放发展、融合发展，一方面要主动走出去，另一方面要积极请进来，多措并举，丰富教师的国际化经历，拓宽教师的国际化视野，提高教师的教学竞争力，从根本上提高本科教育和大学的国际竞争力，在国际舞台寻得一席之地。英国从国家层面提出了以提升质量为核心的教育大变革。美国把高等教育作为核心资源，把高等教育发展水平作为国家的核心竞争力，提出了重建以学生为中心的研究型大学的本科教育。哈佛大学、斯坦福大学、麻省理工学院等世界知名一流大学，纷纷启动新一轮本科教学改革。中国的一流大学，如北京大学、清华大学等，都在综合改革方案中突出了人才培养的核心地位，把培养创新人才、提高人才培养质量作为建设世界一流大学的重要任务①。

（三）以人为本，创新发展，对内培育一流师资

一流大学由一个或多个一流学科构成，一流学科由多种一流师资构成，多种一流师资才能培育全面发展的一流学生，彰显大学的人才培养的根本职能，提高大学的美誉度与影响力。师资队伍建设是一项系统工

① 孙朝阳．“双一流”建设背景下学科建设服务本科高校人才培养路径研究［J］．商丘师范学院学报，2018（4）：106-108.

程，既要服务于学科建设，又要服务于人才培养、社会服务等大学其他职能。因此，大学在重视引进高水平师资的同时，要注重培育内部优秀师资，“引培并举”是师资队伍建设的常态，也是保障高校本科教育稳定发展的必要措施。

如何保证引进的人才留得住，有效发挥人才的集聚效应，不挫伤内部教师的积极性？这就需要始终坚持以人为本的理念，以促进教师发展为目的，以优化本科教育为导向，创新引才育才的体制机制，创造健康有序的引才育才环境，激发教师整体活力，构建合理的师资队伍结构，保障“双一流”建设目标的实现[①]。

二、“双一流”建设视域下高校师资队伍服务于本科教育的困境与问题

（一）引才过程中重学术水平考查，轻教学与师德考查

一流的师资队伍不仅要具备一流的学识水平和教学水平，更要有高尚的道德品格，发挥榜样示范作用，引领青年教师和莘莘学子成长成才。当前，“双一流”建设采取动态考核、重科研轻教学的评价机制，导致一些高校为了学科排名和考核排序，互相争夺人才，尤其是高层次人才，并且有愈演愈烈的趋势。在此背景下，一些高校在人才引进工作中存在急功近利的心理，为在人才争夺战中取得主动权，做不到全面、细致、深入地考量引进人才的实际能力、教学水平、道德和品行等，导致人才引进后，在教学团队融合、教师群体融入、学术修养、教学水平等多方面出现问题，甚至引起内耗，破坏团结，削弱了教学团队的凝聚力和战斗力。

（二）结合本科教育教学需要，精准引才力度欠缺

国家实施“双一流”建设旨在引导不同的大学根据自身的办学优势和专业特色差别化发展，科学规划、合理选择一流专业与一流大学的建设路径。师资队伍建设应突出服务于高校办学优势与专业特色这一根本要求。当前，部分高校盲目跟风，热衷于引进高层次人才，高端人才数量得到显著增长，但忽略了自身发展定位与专业结构，精准引才力度欠缺，人才资源布局不均衡，最终导致“特色不特、优势不优”，既造成人才资源的浪费，又不利于良好本科教育生态的构建，更无益于“双一流”建

① 张宏牛，胡秀丽，敖宏瑞．“双一流”背景下哈工大机电工程学院师资队伍建设［J］．机械设计，2018（35）：32-34.

设目标的实现。

（三）师资队伍国际化的高度、深度不够，不利于提升本科教育国际化水平

师资队伍多样化、国际化是世界一流大学的共同特征。师资队伍多样化标志着一所大学具有广阔的发展平台和丰富的资源优势，可以吸引、聚集多种学科的优秀人才。师资队伍国际化标志着一所大学不仅具有全球影响力和竞争力，而且借助人才资助项目等形式积极从世界各地广纳贤才，构建高度国际化的师资队伍，培养出国际化人才。培养国际化人才是大学教育的责任和使命。目前，国内很多高校的师资队伍国际化培养仍然停留在“散兵作战”式的派出深造、访学研究、合作科研等层面，缺乏对本科教育方面的顶层设计和系统规划，师资队伍国际化的高度、深度不够。同时，一些高校对于师资队伍国际化成效的考核，形式单一、考核流于形式，并未充分调动和发挥出师资队伍国际化对“双一流”建设的贡献和作用。因此，扩展本科教育方面的国际合作资源，寻求高质量的国际合作平台，提高师资国际化“走出去”的质量和成效，同时加大国外教学方面的优秀师资引进力度，是深化师资队伍国际化内涵建设、建构国际化师资队伍的重要途径。

（四）缺少完善的高水平师资内生培育机制

高层次人才数量和质量在一定程度上可以代表一个专业、一个学院、一个学校本科教育的综合实力和水平，但并不代表全部。合理的师资结构和完整的教学梯队才能全面反映学科的整体建设情况。合理的师资结构是建设一流学科的重要保证，学生与教师的比例、教师人数以及教师的学历结构、职称结构、学术结构和年龄结构等是具体的衡量指标。完整的教学梯队是建设一流本科的持续动力，具体表现为专业教学领军人物、优秀中青年教师、青年教师三个层次的相互支撑。基于当前“双一流”建设的需要，部分高校一味注重从外部引进学科领军人物和高水平师资，对校内原有优秀中青年教师的成长与发展，尤其是教学水平的提高重视不够，忽略从内部培育高水平师资的责任要求，导致内部优秀人才流失加重、本科教学梯队断层等突出问题。因此，探索建立健全服务于一流本科教育的高水平师资内生培养机制势在必行。

三、高校师资队伍服务于一流本科教育的路径设计

本科教育是一项综合性的系统化建设工程。在此过程中，本科人才

培养因为追求知识体系的创新完整而更加倾向于对师资队伍的硬核建构，大学为实现自身价值使命又不断对本科教育提出人才培养方面的新要求。师资队伍是高校建设和教育发展的重要着力点。“双一流”建设的成功取决于一流的高等教育，而一流的高等教育离不开一流的师资队伍。因此，建设具有世界一流水平的师资队伍已然成为“双一流”建设的关键性因素，各个“双一流”建设高校也将师资队伍建设放到了尤为重要的位置。基于此，探索师资队伍建设服务高校本科教育中人才培养工作的合理路径，实现师资队伍建设与本科教育中人才培养的良性互动，是解决这一问题的有效方法。

（一）加强顶层设计，确定引才育才的核心思想和举措

高校应从顶层设计出发，确立引才育才的核心思想，周全考虑引才、育才、用才、留才的各个环节，推动师资队伍建设的内涵式发展，提升我国高等教育的核心竞争力。高校应构建金字塔形师资队伍，竭力引育“塔尖”形高端人才，着力稳定“塔中”形主力队伍，全力培养“塔基”形后备群体，构建可持续发展、层次结构合理的高水平师资队伍。在引才、育才方面，高校既要重视教师学术研究能力，又要重视教师实践教学能力；既要发挥学术转化教学的创新优势，又要充分发挥学术的教育教学功能。在合理规划引才计划、可持续投入的同时，高校还应积极探索高层次人才与海外优秀博士并重、国外引进与校内培养并举的引才育才模式。当下，众多高校坚持外引与内培并重，在青年教师队伍提升方面已做出积极的探索和尝试，如清华大学的“水木学者”、北京大学的“博雅计划”、浙江大学的“求是特聘学者”、复旦大学的“卓越人才计划”、中山大学的“百人计划”等。

（二）确立培养学术与教学的双优型师资人才机制

1809 年，洪堡明确提出了“教学与研究相统一”的大学教育理念。他认为，教授不是给予之人，学生亦非接受之人，两者都是研究者及创造者。教授不是为了学生而在这里，学生也非为了教授而在这里，两者都是为了学术而在大学。时至今日，“教学与科研相统一”已经成为世界各国高等教育系统共同信奉的一个基本原则。“教学与科研相统一于学术研究，这是大学作为高等学术机构的根本要求，是大学发展尤其是洪堡

时代以来现代大学发展理念的成功积淀，也是大学教师的双重使命。”①

高校教师必须做到教学相长，同时具备较高的教育教学水平和学术研究水平，既要做传道授业解惑的高水平教师，也要做学术技术创新的高水平学者。为此，高校必须改变高校教师评价体系上科研与教学的疏离状态，彻底改变重学科建设、轻人才培养，重学术、轻教学的现象，鼓励科研与教学两个团队相结合，统筹安排、合理布局科研与教学任务，实现教师学术和教学两个价值相统一，使教师能够以创新性思维指导专业教学，以前瞻性研究丰富教学内容，以科教融合实现学科建设和专业建设的统一，以创新精神引领学生探索未知领域，使学术创新、教学创新和人才培养创新始终能兼容并蓄，拓宽学生视野，启迪思维，引导创新，以培养大批有特色、专业化、创新型、技能型的社会实用人才，实现高校人才培养目标。

高校应以学术优势凸显专业优势，以特色研究形成特色课程，不断优化专业设置、课程体系，创新教学内容；根据重点学科特色优势，与国家和区域经济社会建设需要相结合，促进校企合作、科教融合，以学科之所长和社会之所需，改造传统专业，设置新型专业；以学科相对明显的学术创新性为本科生形成创新性思维和实用性技能提供学术支撑，以专业较为广阔的社会适应性为本科生就业提供新方向。高校应通过学科建设成果向教学的转化，达到科学研究与教育教学的兼容互通，学科建设与专业建设的协同发展，学术创新与创新型人才培养目标的同步实现，从而形成具有鲜明专业特色和优势的人才培养模式。

（三）重视青年培养，营造良好的育才成才环境

“双一流”建设的目标决定了建设一流的师资队伍必须放眼世界，在做好高端人才“请进来”的同时，更需要推动本土青年教师“走出去”，完善人才的双向流动机制。高校应围绕师德师风建设、专业技能提升、职业生涯规划等核心内容，设置分层次（高、中、初级）和分类别（科研型、教学型）的培训课程，为青年教师配备经验丰富的成长导师，全力构建青年教师提升体系，营造良好的成长软环境。另外，高校应为教师队伍提供优越的物质硬环境，减轻青年教师的物质生活压力，让其能够全身心投入教学科研工作。

① 张淼. 诱惑、变革与守望：我国学术场域中的大学教师行为研究［M］. 南京：南京大学出版社，2014.

总之，在“双一流”建设背景下，建设一流大学以建设一流本科教育为基础，以培养一流本科人才为核心目标。以建设一流师资队伍为抓手，以一流人才培养为己任，不断提升师资队伍力量，探索师资队伍建设服务本科教育教学人才培养的实现路径，是“双一流”建设目标的基本内容，是新时期实现大学主要职能的基本要求，也是本科教育核心价值的充分体现。

参考文献

［1］钟秉林，方芳. 一流本科教育是“双一流”建设的重要内涵［J］. 中国大学教学，2016（4）：4-8，16.

［2］沈祖芸，唐景莉，杨晨光. 美国大学耶鲁校长理查德·莱文认为——教学方法影响创新能力培养［N］. 中国教育报，2006-07-20.

［3］刘国瑜. 科教融合：大学学科建设服务本科教育的切入点［J］. 国家教育行政学院学报，2013（4）：62-65.

“金课”标准下数学建模课程的课程思政建设

卢鹏　王璐

摘　要：由于数学建模课程与人文社会科学课程的显著差异，在传统的教学过程中，授课教师往往注重数学理论、算法设计、写作规范、实际案例的讲解，而忽略了课程当中所蕴含的通识教育、美感教育、人文素养、政治素质、思想品德等思政元素的挖掘与传授。本文以课程思政为中心，在“金课”标准下对数学建模课程进行了重构。笔者采用线上线下混合式教学模式，通过多重评价指标进行考核，让学生在学习过程中感受到课程的高阶性、创新性、挑战度，实现专业课程“知识传授”与“价值引领”的统一，最终激发学生的爱国精神，帮助学生树立为实现中华民族伟大复兴的中国梦而不断努力学习的目标。

关键词：“金课”；通识教育；数学建模；课程思政；教学改革

一、绪论

2018 年 6 月，教育部部长陈宝生提出要扭转中国教育“玩命的中学、快乐的大学”的现象，对中小学生有效“减负”，对大学生合理“增负”。2018 年 8 月，《教育部关于狠抓新时代全国高等学校本科教育工作会议精神落实的通知》出台。该通知第一次正式使用“金课”这个概念。教育部首次正式以文件形式整顿高等学校的教学秩序，并提出“各高校要全面梳理各门课程的教学内容，淘汰‘水课’、打造‘金课’，合理提升学业挑战度、增加课程难度、拓展课程深度，切实提高课程教学质量”，对高等教育课程提出了更高的改革目标。

2016年12月，全国高校思想政治工作会议在北京举行。习近平总书记在此次会议上强调“把思想政治工作贯穿教育教学全过程，开创我国高等教育事业发展新局面”，开启了中国高校课程思政化改革。所谓课程思政，简而言之，就是高校的课程设置除了原有的思想政治理论课之外，其他所有课程都要发挥思想政治教育作用，使各类课程与思想政治理论课同向同行，形成协同效应。课程思政不仅重视知识的传授，而且将价值引领与其结合起来，将思想政治教育融入其他的课程当中。这也符合目前大学职业规划教育的理念需求，并且能够从课程设计理念上指导大学生职业发展教育的方向。这就使得我们可以利用课程思政来对数学建模课程重构，为“金课”课程建设提供重要的支撑保障。

现阶段课程思政大部分来自人文学科，在理工学科中出现得比较少，主要由于其自身的特殊性。例如，理工类课程本身基于自然认知的普遍性之上，无人文社会科学的立场导向；理工类课程教学重“术”的掌握和运用，人文社会科学课程教学重“道”的阐释和弘扬；理工学科师生和人文学科师生在精神气质、思维取向方面有很大的不同。数学在理工学科中融入思政元素就更为困难，如何在数学课当中融入思政的内容，是值得我们去研究的。本文主要研究思路就是从课程思政内容入手，精选数学建模案例，让学生在学习专业知识外，还能够在通识教育、政治素质、人文素养、思想品德、价值取向方面得到提升。

二、数学建模课程

（一）课程目标及主要内容

数学建模在过去的30多年里逐渐成为数学教育的中心话题之一。数学建模提供了将数学应用到其他领域的途径。学生把非数学领域中的实物或问题，映射（或翻译）到数学领域中，并运用数学方式寻求答案，然后解释和评估这些答案是否能解决非数学领域的问题，从而提升应用数学的能力，成为创新型、应用型人才。数学建模课程的目的是让学生掌握数学方法和技能，运用定量化的语言或结构描述自然现象中的内在规律。数学建模课程对大学生的素质教育有重要作用。数学建模课程最终让学生具备如下能力：将实际问题抽象和简化成数学问题的能力、数学方法和思想的综合应用能力、熟练使用计算机编程解决模型问题的能力、自学能力和善于使用文献资料的能力、交流和表达能力、科技论文写作能力等。

数学建模课程一般在大二开设，要求学生先学习高等数学、线性代数、概率论与数理统计等基础课程。数学建模课程的内容主要包括绪论、优化模型、微分方程模型、概率模型、数据处理模型、图论模型、决策论模型、论文写作和数学软件专题等内容。

（二）数学建模课程的主要改革方向

目前，数学建模课程基本上采用传统的教学方法，以教师讲解为主，学生练习为辅，缺乏对学生思维扩展能力的培养，缺乏对学生自主学习积极性的培养，缺乏对创新能力的培养。面对新的问题，学生难以将数学理论与实际问题相结合。因此，改进现有教学模式、探索新的教学方法以满足创新型、应用型人才培养的需求显得尤为必要。很多学者在授课的过程中也注意到了这一点，提出了一些改革方案和想法。

（1）将数学建模思想融入数学类主干课程和通识教育数学核心课程，可以使学生了解数学是科技发展的强大动力、数学本身是一种文化、数学对人类精神文明做出了巨大的贡献、定量化思想是最重要的数学思想之一、数学建模在定量化和数学应用中起着十分重要的作用、数学是各类优秀人才必备的素质。

（2）翻转课堂教学模式在数学建模课程当中的运用，可以转变学生的学习方式，强化学生的自学能力；促进师生交流，培养团队精神；突破区域限制，整合优质资源。但是，如何更有效地实施这一全新的教学模式，还需要我们进一步实践与探索。

（3）微课导学教学模式运用于数学建模课程。微课的视频播放时长一般在5~20分钟，这种教学资源是对传统课程教学内容的浓缩，重点突出、资源多样化、交互性较强。在移动互联网时代，微课导学教学模式能够满足学习者随时随地在线学习的需求，学习者只需要一部智能手机或一台平板电脑，就可以进行移动学习。

（4）混合式教学模式运用于数学建模课程。所谓混合式教学就是要把传统教学方式的优势和网络教学的优势结合起来，也就是说，既要发挥教师引导、启发、监控教学过程的主导作用，又要体现学生作为学习过程主体的主动性、积极性与创造性。只有将这两者结合起来，使两者优势互补，才能实现最佳的教学效果。

（5）以实际应用问题驱动的教学方法与案例式教学模式。基于实际案例采用启发式、研讨式教学方法，案例教学将由现实中的问题驱动，借助数学知识寻求解决方案。研讨课将改变传统的以教师为中心的教学模式，在教学过程中充分发挥学生的主观能动性，启发学生主动思考、参与讨论和解决问题。

（6）基于数学建模课程，加强对学生实践创新和科研能力的培养。高质量问题驱动的研讨有助于提高学生的学习主动性。教师根据每个教学模块设计相应的研讨问题，让学生课下提前查阅资料，寻求适当的数学方法。教师在课上组织学生参与讨论，引导学生互动交流，对学生的方案进行合理的评价，最终给出解决问题的思路，并在此基础上，进一步提出新问题，引发学生深入思考。在此基础上，结合实践性教学环节、大学生创新项目和挑战杯竞赛，学生逐渐组成比较成熟的团队，进行实践性选题，并运用各种方法解决问题，在教师的指导下，提炼出主要研究内容，按照期刊论文的写作范式进行修改并投稿。

（7）利用数学建模竞赛促进数学建模课程教学改革。2019 年，参与大学生数学建模竞赛的学校有 1 490 所，本科学生队伍有 39 293 支。数学建模竞赛与传统的数学竞赛完全不同，它要解决的问题不是纯数学的难题，而是由工程技术、管理科学等领域中的实际问题简化加工而成的，有些还是社会热点问题。竞赛试题留有充分余地供参赛者发挥其聪明才智和创造精神。数学建模竞赛由三人一组的团队加以完成，除了不能与队外任何人讨论外，团队可以使用互联网、调查研究、计算机及任何软件。可以说，数学建模竞赛从内容到形式，都与学生毕业以后工作时的条件非常相近，是一次真刀真枪的锻炼，有利于培养学生的创新精神、实践能力和综合素质。

（三）当前改革的不足

数学建模课程不是数学课，应侧重于对数学思想的认知和模型化的思维方法、模型精准表达方式、算法设计或实验方法的训练，应淡化理论推导，不能照搬数学课教学方法来讲解数学建模。数学的思想与思维方法的学习远远重要于数学方法的学习。现阶段，大部分高校的数学建模教学模式存在一些不足。

数学建模教学模式具有较强的封闭性和保守性。教师采用讲授式方法进行教学时，教师讲学生听，忽略了数学思想的建立、数学方法的使用和学习能力的培养。学生普遍反映概念难懂、习题难做、方法不易掌握、建模存在很大的困难。在这种教学模式下，让学生真正掌握方法并自己动手建模几乎是不可能的。学生过多地依赖教材中的数学模型，对建模的过程及利用计算机求解的内容不能通过讲解而领会和掌握，学生对所学的知识处于半懂不懂的状态，更不用说模型建立能力的培养了。这种教学模式培养出来的学生不可能有较强的实际应用能力和创新能力。因为数学建模课程的教学内容是以问题为中心、“块状”编排的，教师在授课时如果都机械地采用模型讲解，那么学生学习数学建模会困难重重。此外，有些案例与实际问题联系不紧密，学生提不起兴趣。

随着大数据产业的发展、人工智能时代的到来、数据量的逐日剧增，学生无法掌握大数据的处理技术和应用软件，就不能适应现代社会的需求，影响将来的发展。

一些新的方法和辅助手段，如翻转课堂、线上教学、混合式教学、实际案例教学、竞赛教学、雨课堂教学、微助教教学等，对传统教学起到了很好的补充作用，但我们发现这些都是对学生知识、能力的培养，缺乏对学生人文素质的培养，特别是爱党爱国的培养。坚持党的领导是我国社会主义大学的本质特征和最大优势，同时也是高校加快自身建设、实现内涵式发展的重要组织保证。开展广泛、深刻、有效的思想政治教育是实现党对高校领导的基本途径。因此，我们认为在数学课程中融入课程思政的内容势在必行，也是今后改革的主流方向之一。

三、基于“金课”标准下的数学建模课程思政建设

（一）“金课”的标准及意义

“金课”，即一流课程。“金课”建设计划是指实施一流课程建设“双万计划”，即建设10 000门左右国家级一流课程和10 000门左右省级一流课程，包括具有高阶性、创新性、挑战度的线上、线下、线上线下混合式、虚拟仿真和社会实践各类型课程。具体任务是建设3 000门左右线上“金课”、7 000门左右线上线下混合式“金课”和线下“金课”、1 000门左右虚拟仿真“金课”、1 000门左右社会实践“金课”。“金课”是从“水课”低阶性、陈旧性和教师应付性上课的对立面提出的，从其内涵归纳为高阶性、创新性和挑战度。所谓高阶性，要求课程有机融合知识、能力与素质，能够培养学生解决复杂问题的综合能力和高级思维。所谓创新性，要求课程内容具有前沿性、教学形式具有互动性、教学成果具有探究性。所谓挑战度，要求课程具有一定的难度，教师要认真花精力备课从而讲好一堂课，学生课上课下要花时间思考，即要求师生共同努力，才能有教学与学习的双边收获。这是对本科生毕业认证的一个关键要求，即本科毕业生解决复杂问题的综合能力和高级思维。

（二）基于高阶性的数学建模课程思政建设

数学建模课程精选数学建模案例，将数学建模与当前中国经济社会发展的热点话题联系起来。学生通过对该课程的学习不仅能够提升专业水平，还能提升人文素养、政治素质、思想品德、价值取向等多个方面的能力。例如，通过原料下料问题，学生将了解到企业生产中原料的浪费现状，对当前我国节约型社会的建设目标会有更深刻的认识，同时能利用数学模型对成本资源等进行更科学的规划。又如，通过对中国石油消费量的预测学习，学生会更深入了解我国未来能源消费趋势变化，对新时代国家能源发展战略产生更多的共鸣。再如，通过对最优选择模型的学习，学生能了解到支教志愿者通过服务西部、深入基层，收获了真知和真情、磨炼了意志和品质、增长了才干和学识、坚定了理想和方向，在辛勤付出中践行了人生的价值，实现了自我的成长。学生也会由此树立正确的择业观，把祖国的发展与自身的发展联系在一起，为民族复兴铺路架桥，为祖国建设添砖加瓦。同时，航天航空、川藏铁路建设、生态文明建设等内容也会在笔者的数学建模课程的建模案例中一一出现。这些案例和思政元素与学生的生活息息相关，可以提升学生的课堂教学满意度，解决课堂“低头族”和“逃课族”问题，提高教学质量。

（三）基于创新性的数学建模课程思政建设

数学建模课程采用线上线下混合式教学方式。线下主要是以传统式方法进行教学，利用“云班课”应用程序进行上传、编辑、签到、分组、交作业以及课堂讨论答题。这样学生可以对上课没有听懂的内容及时进行复习，也可以在应用程序里面完成教师布置的作业等。线上采用“自主学习＋课堂讨论”的方式进行教学。在这一环节，学生选择数学建模课程在爱课程网上的慕课，按照课程每周的要求就可以完成包括观看视频、阅读课件、完成习题、测试单元练习等内容。例如，选择题直接在线上选择 A、B、C、D 中的选项作答，主观题可以在线上编辑答案，也可以在线下作答并以图片形式上传答案。学生在没有弄懂的课件页面可以点击“不懂”等。学生不受时空限制，随时随地都可以进行学习，有充分的自主性。教师可以通过课程后台及时了解学生的完成情况，包括有多少学生已观看视频、已阅读课件、答题的准确度、不懂的知识点主要有哪些等。教师在课堂教学环节可以开展有针对性的讨论，并关注那些没有完成线上任务的学生。

随着信息网络和多媒体的快速发展，线上线下各种教学资源都得到了极大的丰富，这为混合式教学提供了极好的应用环境。就数学建模课程而言，无论是其学科特点，还是学生的知识水平都与混合式教学模式的要求高度契合。因此，在数学建模课程教学过程中选择混合式教学模式，应该会是一个非常有意义和有效的尝试，也必将是数学教学体系、内容和方法改革的一项有益的尝试。

（四）基于挑战度的数学建模课程思政建设

数学建模课程是利用数学知识、数学软件解决实际问题的一门课程。通过对该课程的学习，学生能够掌握数学技术、程序编辑、论文写作等基本能力，也能提升个人的综合素质，如人文素养、政治素质、思想品德等。课程是线上线下混合式教学，为了让学生感受到挑战，考核应该分成几个部分进行。

（1）线上考核。学生选择该门课程所对应的网上课程，完成网上课程的教学任务，拿到最终的结业证。线上考核占总成绩的30%。

（2）线下考核。数学建模的教学内容包括编程语言介绍、数学建模方法介绍和建模论文写作要求等几个主要的方面。程序编程作业占总成绩的10%，优化建模作业占总成绩的10%，统计建模作业占总成绩的10%，其中后面两个作业在布置时一般会让学生从5~10道题目当中选择其中一题，按照建模论文写作要求并以三人为一组，利用一周的时间加以完成，最后在“云班课”应用程序上提交论文的电子版。线下考核占总成绩的30%。

（3）综合考核。数学建模需要强化训练学生综合运用各种知识解决实际问题。在此阶段，教师从历年各大数学建模比赛中选择一些与实际比较贴切的题目，进行适当的简化处理，学生以三人为一组，挑选一题，利用两周的时间加以完成。最后，学生需要对论文进行答辩，教师现场进行点评，学生根据教师的要求进行修改，最终提交论文的电子版和纸质版。综合考核占总成绩的40%。

（4）竞赛考核。数学建模课程可以作为数学建模竞赛的前期培训，教师从选课学生中选取部分成绩优秀的学生，组织学生参加全国大学生数学建模竞赛。教师应鼓励学生参加数学建模校级比赛、省级比赛、国家级比赛、国际级比赛。在考核上，获得校级比赛一等奖加5分，二等奖加3分，三等奖加1分；获省级比赛一等奖加10分，二等奖加8分，三等奖加5分，等等。

将考核过程融入教学过程中，在教学过程中穿插考核，这样能够促使学生从被动学习转变为主动学习。同时，数学建模课程是应用型课程，多元化考核能够训练学生能力，提升课程挑战难度，发现卓越拔尖人才，促进教学过程转变为讨论式、自主式学习，符合当前的教育改革理念。

四、总结

高校思政教育不仅仅是思政课教师以及辅导员的职责，也是每一位专业课任课教师的职责。在素质教育全面发展的当今社会，高校的理工学科专业基础课程已经不能再仅仅定位于概念化、公式化的知识讲解与传授。为了适应时代的发展与要求，此类课程需要逐渐树立起知识传授与价值塑造紧密结合的教学理念，让学生在学习理论知识的同时，人生观与价值观也得到充分合理地培养与塑造。

以课程思政为中心的数学建模课程可以深入挖掘蕴含在课程当中的思政教育资源，将专业教学目标和课程德育目标相结合，在知识传授中融入价值引领，通过适当的教学设计与教学方法，将思政教育融入数学建模的教学过程中。教师较好地利用课堂做好课程思政教育，一定能够激发学生的爱国精神，帮助学生树立为实现中华民族伟大复兴的中国梦而不断学习的目标。

参考文献

[1] 吴岩. 建设中国“金课”[J]. 中国大学教学，2018 (12): 4-9.

[2] 舒寅辉，王成. 新时期高校毕业生就业转型探析与“三维”工作建设[J]. 中国大学生就业，2019 (12): 55-59

[3] 习近平在全国高校思想政治工作会议上强调：把思想政治工作贯穿教育教学全过程 开创我国高等教育事业发展新局面 [N]. 人民日报，2016-12-09 (1).

[4] 余江涛，王文起，徐晏清. 专业教师实践“课程思政”的逻辑及其要领——以理工科课程为例 [J]. 学校党建与思想教育，2018 (1): 64-66.

[5] BLUM W. Modelling and application in mathematics education: The 14th ICMI study [J]. New ICMI Study, 2007 (10): 11.

[6] NISS M. Models and modelling in mathematics education [J]. European Mathematical Society Newsletter, 2012 (86): 49-52.

[7] 薛春艳，孙淑香. 数学建模在数学教育中的作用 [J]. 沈阳师范大学学报（自然科学版），2006 (3): 372-374.

[8] 谭永基. 将数学建模思想融入通识教育数学核心课程 [J]. 高等数学研究，2009 (2): 8-12.

［9］熊丹，吴传菊. 案例教学法在独立增量过程教学中的探讨［J］. 大学教育，2018（5）：56-58.

［10］范馨月. 高校数学建模课程改革的实践与探索［J］，大学教育，2019（2）：77-79.

［11］欧阳章东. "数学建模"课程实施翻转课堂教学模式探究［J］. 湖南第一师范学院学报，2018（18）：77-79.

［12］徐晓辉. 混合式教学模式在高职数学建模教学中的应用［J］. 智库时代，2019（2）：121-124.

［13］素芹，张贝贝. 数字时代问题驱动下数学建模课程教学探索［J］，唐山师范学院学报，2018（40）：121-124.

［14］姜启源，谢金星. 一项成功的高等教育改革实践——数学建模教学与竞赛活动的探索与实践索［J］. 大中国高教研究，2011（12）：79-83.

［15］陈宝生. 写好高等教育"奋进之笔"———在教育部直属高校工作咨询委员会第二十七次全体会议上的讲话［J］. 中国高等教育，2018（Z1）：14-22.

［16］陆国栋. 治理"水课"打造"金课"［J］. 中国大学教学，2018（9）：23-25.

美学通识教育对风景园林专业教学的意义

杨矫

摘　要：美学教育是通识教育中重要的内容，美学也是风景园林学的重要基础。美学在风景园林设计中主要以两种方式表现，一是对直接的自然之美的体验，二是对自然素材的艺术抽象和升华。通过基础的美学通识教育，学生可以对景观美学的这两个方面都加以学习，提高风景园林专业层面的基本素质和能力。对美学研究的加深，使风景园林专业能够从更深的层面去认识城市景观和城市社会，并且在具体的景观设计中予以呈现，服务于人们的日常生活，提升整个城市的美与和谐。

关键词：美学；通识教育；风景园林

一、通识教育、美学与风景园林

通识教育（general education）是一个内涵丰富、多维度、多阶段的历史范畴，它根植于古希腊“自由教育”（liberal education）的传统，是对这一传统的延续和改造。英国古典教育家阿诺德认为，自由教育关系到如何做人和成为公民；专业教育关系到做事和谋生，两者都很重要，不能顾此失彼。在今天，对通识教育这一概念的强调，正是为了改变我们在很长一个阶段内过于重视细化的专业教育而忽视了对人的自由教育。在阿诺德看来，仅仅懂得专业知识是算不上受过教育的。

同时我们也认识到，通识教育并不是一个与专业教育相对立的概念，人只有首先成为一个达到一定素养标准的合格的人和公民，他的专业知识才能得到恰当的发展和应用。通识教育旨在培养学生的有效思考的能力、沟通能力、明确判断的能力、对价值的区分能力等，这些能力是各类专业技术发展的重要基础，能够促进专业技术更加长远的发展和真正为社会的进步服务。因此，通识教育是贯穿于高等教育全过程的自由的教育和训练，是大学教育的基础和灵魂。当大学通识教育真正承担起培养“全人”的责任时，会将两者融为一体，达到通识教育专业化、专业教育通识化的目标。

在通识教育中，美学又具有额外重要的意义。美学是以感性为基础的，美学的外延可以涵盖整个自然与社会，美学具有深刻性和理想性，其内部包含感性与理性、矛盾与统一、功利与非功利、无目的与合目的、无概念与普遍理解、无逻辑与情感逻辑等，与通识教育致力于达到的“整体的人”的目的是契合的。人在体验美与审视“整体的世界”的过程中不断地达到完善与自由，从而能够向“整体的人”的方向发展。

风景园林学科和美学有着密不可分的关系，就学科的发展来看，风景园林学科与传统的园林学以及城市、乡村美学都有着长久的渊源。在当前城乡建设快速发展的背景下，风景园林学科对于美化城市、建设宜人的城乡居住环境具有重要的作用。因此，风景园林学科的教学对学生的美学素养就有了更高的要求。风景园林专业的学生虽然在相关的专业训练当中贯穿有美学方面的学习，但缺乏抽象、整体和综合的美学教育。用学校的美学通识教育来补足，成为开展风景园林基础美学教育的重要途径，对风景园林专业的学生的整体美学素养的提高有极大助益。

为了更好地达成这一目的，我们需要对风景园林学与美学的关系做一个细致的梳理。通过认识风景园林学中美学是以怎样的方式表达和被感知的，我们可以更有效地由美学通识教育实现对风景园林美学的提升。

二、美学与景观美学

在汉语中，“风景”本身就是一个美学词汇，它具有自然和人文的双重属性。黑格尔在《美学》中也将美分为自然美和艺术美两类。黑格尔承认自然美，但他认为自然美是不够理想或完美的，因为山川、草木、星辰、鸟兽之类的自然事物，都是自在而非自为的，没有自觉的心灵灌注生命和主体的观念性的统一，随时要受到外在事物的限制，见不到自由和无限这些理想美的特征。它们是飘忽的，只能引起短暂的兴趣。自然地，这种有限性使得艺术要超越对自然的模仿，将单纯的、有限的客观层面上升到观念层面，艺术的观念性提升了事物的价值，转瞬即逝的自然美被艺术赋予了永久性。

景观美学是一个宽泛的、多学科交叉的概念，它以自然、生态、环境等条件为基础，研究探讨自然美的成因、特征、种类，通过对各种艺术和工程的改造，实现对自然美的保护与升华。景观美学具有其自身的形式美、构成美以及工程美的综合要素。认识景观美学的特征，有助于我们进一步了解它在具体的景观当中是以什么样的方式呈现的。

一般说来，景观美学在风景园林设计中主要有以下两种表现方式：

（一）对自然之美的体验和追寻

以自然为审美对象。18 世纪，英国人对美学概念的贡献不仅在于首次提出了自然的崇高，而且在于其发现了“如画”（picturesque）审美类型。“如画”体现出自然和人工巧思结合之美，构成了优美、崇高之外的第三种审美类型。希伯（Walter John Hipple）在其所著的《美、崇高、如画：18 世纪的英国美学理论》（1957）中将“如画”作为自然美的欣赏法则。“如画”以表现自然美景的风景绘画为参照，对于理解风景的本质十分重要。

自然之美包括生命本身所蕴含的活力和生气，如各种奇妙的动物和植物，也包括一系列复杂的对象所呈现出的多变的、有机或无机的形体，如山峰的轮廓、蜿蜒的河流、村庄、城市、沟壑与平原、天和海、云和雾、雨和雪……显现出这种万象纷呈之中动人的和谐。自然本身在形式上的丰富性、复杂性和具体性，使其展现出一种无限性和非功利性，因此使人对自然的审美具有令人解放的性质。

风景园林学研究各种自然的美，通过不同的设计途径——浸入或再现，提供给城市人群稀缺的自然之美，唤醒并满足人本能中对自然的亲近，使人们在对自然之美的感知或沉思中得到精神的自由。

（二）对自然素材的艺术抽象和技术加工

景观中的自然，除了前面提到的自然本身的呈现外，还有对自然的艺术抽象和技术加工。城市本身土地集约利用的性质就决定了城市中自然的稀缺性，这使得城市景观设计往往要与城市空间不同的美学特征相匹配，因此就要对原初的自然进行艺术化的抽象，并以更加多样的、随时代变化而不断进步和更迭的工程技术手段表达出来。

自然的美是直接的，而经过艺术化和抽象化的自然则是一种理想，它把现象当中不必要的、不和谐的因素剔除出去，抛开形状、色彩、形式等方面的一些外在细节，把握住主题最基本和本质的特征，加以提炼，并且再现出来。例如，天然的水面、动物、植物、风花雪月、风雨雷电等，无不能够以各种环境艺术的形式展现在景观当中，而现代工程技术给其提供了足够的支撑，使得景观艺术的表现更加丰富多变，且有无尽创造的可能性。这使得景观不再仅仅是一种物质性的存在，而是变成了一种心灵的产物，艺术化了的景观从而具有了一种观念性，自然的特殊性转化成为艺术的普遍性。这一转化产生了更加丰富的美的内涵和对美的更加深刻的体验。

城市景观艺术应该能够表现这样两个层面的景观美：第一个层面是自然本身的神秘和无限产生的美，第二个层面是对自然进行艺术加工、赋予其观念性之后获得的创造的快乐。

三、美学通识教育对风景园林专业教学的深层次意义

除了美学通识教育与景观美学在美学基本层面的联系之外，我们还应该让学生认识到，对美学研究和体会的加深，有助于我们从更深的层面去认识城市景观和城市社会以及认识人与城市环境更深层次的关联，从而能够在具体的景观设计中予以呈现。

在“坚硬”的城市中，景观是相对“柔软”的。这种柔软既在于其本身的物质组成和形式，也在于其提供给人的在心理和精神层面的慰藉。景观用其本身所蕴含的美，在某种程度上缓解了城市的僵硬和压力，可以说景观的美是现代城市环境当中最具韧性的部分，也是在日益物化的城市世界中能够建立人与自然关联的重要媒介。

随着现代景观设计学的发展，我们越来越认识到，景观的视觉美学只是景观内涵中的一部分。景观体验还具有更多更深的层次（表层的愉悦→内心的情感→稳定持续的存在感→激发参与和创造）。我们只有借助景观表层的美，产生精神的愉悦，并超越它，从而与整个自然过程和文化过程相关联，才能获得更深层次的情感体验。这种体验使人与更宽广、更久远的自然和历史过程发生关联，通过景观使人建立内在的归属感与文化感。这样的存在感真正激发了人与自然的和谐和创造。

美学通识教育能加深和拓展风景园林专业学生的美学素养，有助于提高学生的专业水平，对专业的整体发展具有重要意义。作为专业最终输出成果的风景园林设计作品，大多数就是城市公共环境的一部分，是几乎所有人都能够平等享用的城市资源。好的景观设计将景观之美呈现在城市环境当中，使所有的人都能够感知和体验。这样的一种融入在日常生活当中的美，会让我们的城市更加和谐和丰富动人。

参考文献

[1] 托马斯·阿诺德. 阿诺德论教育 [M]. 朱镜人，译 . 北京：人民教育出版社，2016.

[2] 武玉洁. 美学视角下大学通识教育的本质与理想 [J]. 高教研究，2015 (2)：53-57.

[3] 黑格尔. 美学 [M]. 朱光潜，译. 北京：商务印书馆，2013：196.

[4] 晏晨. 超越风景——当代景观美学的去弊与重构 [J]. 美学研究，2019，10 (4)：71-77.

面向创新能力提升的研究型微课程线上教学模型研究①

陈睿智　杨青娟　周丽娟

摘　要：为提升学生科研创新能力，本文以具体的课程为例，结合线上教学，构建科研创新课程的微课程教学模型。该模型的内容包括将科研任务和成果层层分解的微课程模型；从教师角度出发构建微课程设计流程模型和从学生角度出发构建“微成果”设计流程模型。本文的研究结论将促进传统教学模式向新的教学模式（“教师引导+学生主体”）转变，促进本科教学“金课”建设，提升学生的探究能力和创新能力。

关键词：教学模型；微课程；创新能力

2018年8月27日，教育部发布《教育部关于狠抓新时代全国高等学校本科教育工作会议精神落实的通知》（教高函〔2018〕8号），提出高校应全面梳理课程的教学内容，淘汰“水课”、打造“金课”，合理提升学业挑战度，通过建设有深度、有难度、有挑战度的“金课”，切实提高课程教学质量。“金课”就是开展以学生为中心的教与学，培养学生的探究能力、创新能力。实现“金课”目标需要彻底弥补传统教学方式的不足。传统教学方式只是基于固定的时间、固定的地点，由固定的教师将课程知识利用多媒体、板书等方式传授给固定教室里的学生，教师和学生的互动时间和空间有限，限制了教学功能的拓展。科研类课程教学强调和重视教师与学生面对面的互动与交流，发掘学生的创新能力。新型

---

①　本文为西南交通大学2020本科教改项目“面向未来的‘新工科’卓越人才培养多维协同策略”子课题“‘智能+新工科’背景下建筑类专业多元化课程建设研究”阶段性成果。

冠状病毒肺炎疫情的出现，迫使高校采用新的线上教学方式。如何通过线上教学促进学生利用零碎时间，自主完成研究型课程任务，实现创新目标呢？笔者以具体研究型课程为例，探讨“微课程+微成果”的教学模型，激发学生的科研探索热情，培养学生的科研创新能力，促进本科教学“金课”建设。

一、研究方法和研究内容

（一）科研创新导向下的线上微课程

大部分高校的风景园林专业本科教学培养计划中都增加了研究型课程，目的是激发学生的探索精神，培养学生在风景园林规划设计中的科研创新能力。该课程以学生科研训练项目（SRTP）或教师的科研项目为载体，以小班教学为主，以多元化教学模式开展。

新型冠状病毒肺炎疫情的出现，使以前师生一起调研分析、面对面集中深入探讨交流的模式已不适应当前教学的需求，研究型课程只能采取线上教学。限于流量等客观因素，线上教学只能在较短时间进行。因此，研究型课程需探讨微课程教学模式。

最早出现的微课程的雏形是美国北爱荷华大学的勒罗伊·A. 麦格雷夫（LeRoy A. McGrew）教授提出的60秒课程。微课程在国内最早出现在2010年，由佛山市教育局的胡铁生提出，并进而引发了探讨热潮。学者运用SWOT分析法，分别对传统教学与微课程教学做了一个详细的分析对比，显示出微课程具有适应现代教学的生命力。微课程“短小精悍”的特征正切合研究型课程的需求（时间短、内容精简，主要围绕小知识点或以小知识点为主的教学内容展开）。研究型课程是学生利用碎片化的时间进行个性化、多元化、自主化的学习，微课程的短时间正好利用学生的破碎化时间。同时，微课程根据科研项目的进展，有序提出内容精简的小知识点，有利于学生思考、接受和消化。

（二）科研创新导向下的研究型微课程模型

根据研究型课程任务，微课程采用“项目导入+任务驱动”的教学方法以及“微课程+微成果”零存整取式的教学模式，形成“教师引导+学生主体”的教学体系，为学生构建个性化的自主学习途径，即通过设置阶段性任务，驱动学生不断推进项目进展，培养学生的科研创新能力。教师根据科研项目的内容和目标将科研任务分解成多个“微任务”，每次课前将小任务制成5~10分钟的微课程，学生将每次完成情况进行5~10

分钟的汇报，学生对任务完成中存在的问题和难点进行讨论，循序渐进地推动研究型课程的进度。学生要结合每次的“微目标”，查找相关知识体系，思考和讨论完成“微任务”，制作成“微成果”，最后自主完成科研任务，实现“零存整取”。教师对每次的“微任务+微成果”进行考评。“微课程+微成果”的线上教学模式打破了常规的考核方式，实现了教师考评与学生评价相结合、形成性评估与成果导向评估相结合。这样就避免了以期末考试成绩为主来评价学生学习效果的传统考评方式的弊端，增强了学生的学习积极性和进取心。

本文以研究型课程“微气候视角下的住区广场景观要素研究”为例，具体模型如图1所示。笔者将微课程任务分解成问卷调查、实测、分析评估、模拟4个“微任务”，分别对应不同的“微目标”，学生以“微成果”的方式表达“微任务”的完成情况和“微目标”的达成状态。最后，学生汇集“微目标”，不仅完成研究报告、设计图的基本课程任务，而且要达成课程创新目标——参加竞赛、创新创业实践。

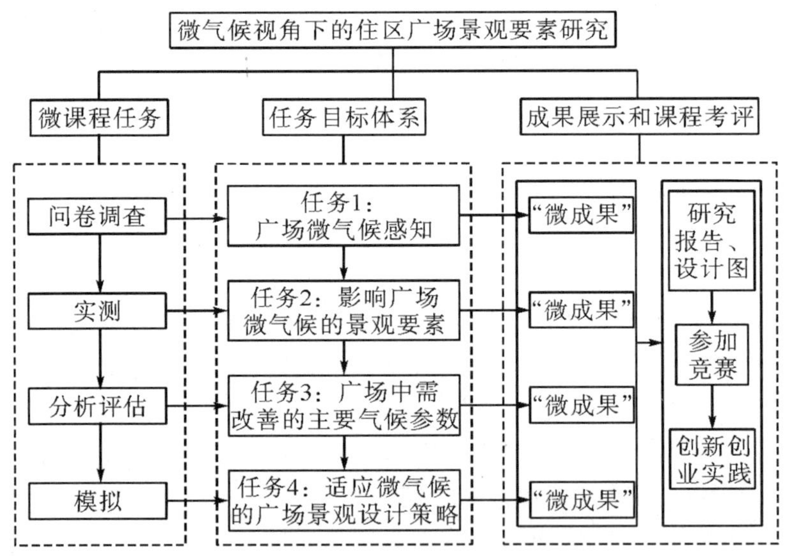

图1　科研创新导向下微课程线上教学模型

二、微课程在研究型课程中的应用

（一）教师微课程设计模型

教师在进行微课程设计之前，要仔细分析科研项目的研究内容，提炼出项目完成的任务和目标，并将研究任务和目标分解，形成一一对应关系的、模块化的“微任务”和“微目标”（见图1）。在此基础上进行微课程设计（见图2）。这类课程设计是根据科研项目进行的，属于原创性设计。首先教师需要广泛收集、整理资料，才能制作成微课程并向学生发布。其次，教师不仅要有较高的教学水平和多媒体制作水平，还要有较高的科研水平，熟知学生参与科研项目的研究方法和技术手段，以便引导学生解决实际问题。最后，微课程设计完后，在实施过程中经过反馈，不断检测和优化，可存入案例素材库，作为教师授课的辅助手段，帮助教师提升教学效率和效果。

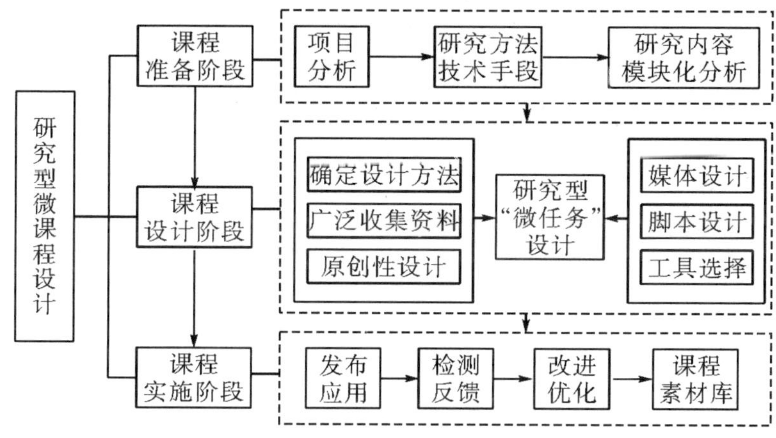

图2 研究型微课程线上教学设计流程模型

（二）学生“微成果”设计流程模型

学生“微成果”设计流程模型如图3所示。学生通过查阅资料、讨论、交流，完成一个模块任务，制作5~10分钟时间的“微成果”并在线上课堂展示。学生根据展示内容进行相互提问、讨论和交流，教师根据展示内容和学生讨论的内容进行总结，提出优化建议。学生根据讨论、交流的内容和教师的建议进行修改。优秀的课程“微成果”可以上传至学习平台共享。学生每次的“微成果”既是完成了科研课程对应的一个小任务，也掌握了一个新的知识点或实现了一个创新点。学生展示所有的“微成果”，既完成了科研课程的所有任务，形成了完整的知识体系，也体现了科研创新性。

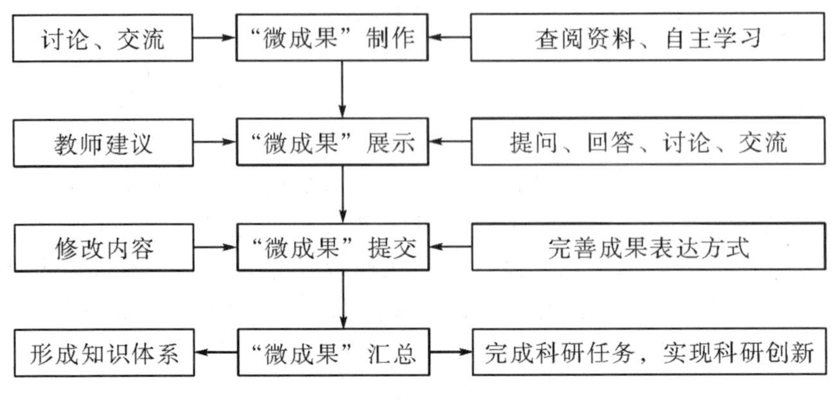

图3 学生“微成果”设计流程模型

三、微课程模型运用的初步成效

（一）形成“教师引导+学生主体”的教学体系

教师根据学生的学习水平将微课程任务分解，明确每个任务的重难点。学生自主学习，探寻解决问题的路径。教师给予学生充分的学习时间和选择学习地点的自主权。每次“微成果”的展示、表达、讨论既让学生找到完成任务的自豪感，又让学生在充分交流中得到提升。这种记录学生完成科研课程任务的过程的方式，记录了学生知识体系形成的过程、思维品质和创新能力提升的过程以及“教师引导+学生主体”的教学体系构建的过程，将学生的“要我学，应付任务”的消极学习态度转变为“我要学，我能完成任务”的积极学习态度，有效改变了学生对学习的认知。

（二）给本科教学提供新的教学方法

本科教学过程中师生常常觉得课堂时间不足、交流不充分。微课程的线上教学模型不仅用于疫情期间的线上教学，而且在疫情之后还可以与本科教学中的翻转课程结合。这既是课前预习环节的重要载体和学习方式，也是学生课后巩固课堂知识的重要途径，有助于实现学生的深层次学习、探索性学习。

（三）促进教师成长

微课程不仅要求教师熟练地把握研究型课程的知识体系、研究任务和目标、研究技术方法等，而且要求教师熟练掌握微课程的制作方法，不断学习并熟练运用新的制作工具，改变管理学生的传统方法，探讨适宜的方式，起到引领作用。因次，教师需要不断进行自主学习和自我培训，这些都会促进教师不断成长。

（四）促进学生综合能力与素养的提升

第一，提升了学生的学习能力、创新研究能力及素养。在笔者的实例中，学生自主学习运用Envi-met数值模拟软件，模拟景观要素对“微气候”的效应，分析选择场地适宜的景观要素，模拟分析景观要素的空间配置。学生通过学习，创新性地找到了景观设计的科学方法，设计的路径更有逻辑性，设计成果更有说服力。

第二，提升了学生的团队合作能力。研究型课程任务重，很多环节都需要学生协同合作完成。场地调研实测工作多点同时测量，需要获取的数据较多，测量工具有温度计、风速仪、黑球仪，学生必须制订好实测计划，并分工合作才能完成。在数值模拟过程中，学生相互学习、相互指导，熟练掌握Envi-met数值模拟软件的运用，相互观摩模拟界面，并讨论分析，集合各自的创新思维完成研究工作。

四、结论

微课程契合教育部目前大力推行的精品在线课程，有助于本科“金课”建设，因此得到了教育工作者的广泛关注。微课程适应远程线上教学，在促进学生高效率自主学习、提升学生创新创造能力方面有很大的优势。但是，线上微课程也存在一些潜在的问题，如怎样督促所有学生都自觉学习、如何维护学生长期的学习兴趣，这些需要在微课程的实践中进一步探讨。

参考文献

［1］吴岩. 建设中国“金课”［J］. 中国大学教学，2018（12）：4-9.

［2］李腊梅，等. 基于网络平台的微课程设计与应用研究——以《土力学与地基基础》课程为例［J］. 四川建材，2019，45（8）：244-245.

［3］Mc Aleese R. Towards a meta-language of training in higher education［J］. British Journal of Teacher Education，1975（2）：213-219.

［4］詹云，王鑫. “云时代”背景下高校设计艺术专业微课程设计及应用模式研究［J］. 教育现代化，2019，41（5）：111-114.

［5］胡铁生. “微课”：区域教育信息资源发展的新趋势［J］. 电化教育研究，2011（10）：61-65.

［6］刘彩波. 大学生创新创业能力培养研究——以“微课程+微成果”零存整取式教学模式为基础［J］. 化工高等教育，2019（4）：68-72.

通过数学建模来体现应用数学的过程美[①]

何国良

摘　要： 数学的美不仅要体现巧妙的数学结构和高度抽象的结果，还需要还原这些结果的发现、形成、思考的过程。本文通过介绍在数学建模核心通识课程中用到的三个例子，说明如何在教学过程中向学生展现思维的变化过程和数学结果的生成过程，为学生体会数学之美和教师体会数学教学过程之美提供一点参考。

关键词： 数学的美；思维美；生成过程；数学应用

一、引言

物理求真，数学求美。关于数学的美及其在教学中的体现，很多专家学者都进行了研究和论述，他们认为，数学的美主要体现在统一、对称、简洁、和谐、奇异、抽象等方面。一般认为数学的美的来源有两个层次：一是物质生产实践活动，二是数学实践活动。其中，物质生产实践活动是数学的美的真正根源。数学的抽象与精炼是数学的美的重要方面，避开繁琐的现象进行归纳总结是数学的重要魅力，但是数学的美不是抽象的、冰冷的，而是和实际问题密切相关的。数学精巧的结构与严密的内在逻辑固然重要，但与日常密切相关的简化分析和应用也同样重要，虽然它们听起来似乎不像高深的技巧那么“酷炫”，但是更加实用，也更接地气，否则数学可能就仅会成为那些“数学家”手上的玩物。

纯粹从形式逻辑的角度看，数学无疑是最美的学科之一，但如果没

① 资助项目：四川省教改项目（JG2018－193）、电子科技大学教改项目（Y03094023701019741）。

有和应用相结合，再美的数学也是镜中花、水中月。只有通过应用，才能让人深刻感受到数学的美。相对于欧美国家的数学教学来讲，中国的数学教学比较注重逻辑推导，数理严密、结果准确，相对忽视数学表示、数学交流、数学联系等能力的培养，相对忽视欣赏数学的美和力量的审美的培养以及学习数学的自信心的培养。

如何向学生介绍数学的美，大多数人主要集中在论述数学结果的方面，很少有人论及在教学中如何体现数学应用的过程之美。笔者所在的数学建模团队对如何将数学的美融合到教学和应用过程之中做了一些研究和尝试，取得了一些效果。本文通过几个数学建模的教学范例，展现如何在教学过程中让学生感受应用数学的过程美。

二、教学实施范例

（一）欧拉七桥问题

问题介绍：18 世纪的哥尼斯堡（今加里宁格勒）有条普莱格尔河（今普列戈利亚河），河上有七座别致的拱桥，这七座拱桥将河的两岸与河中的两个小岛连起来。有人提问：有没有一次性走遍这七座桥，每座桥只通过一次，最终回到起点的走法？

学生分组讨论，探寻解决办法。学生通常不能一下子很好地解决这个问题。这个问题后来被欧拉解决。教师介绍欧拉的做法，并在介绍过程中不断带领学生沿着欧拉的思路分析下去。

欧拉意识到人们可以在河的两岸、两个小岛上随意走动，而这和“是否每座桥只通过一次”没有太大的关系。因此，欧拉把河岸和小岛均抽象为一个点，而把人们关键要走遍的七座桥抽象为七条边，于是就把“有无走遍这七座桥一次仅且一次”的方案就变成了“能否用笔一次性把这七条边的图形画出来的问题”——这就是我们常说的“一笔画”问题。这个过程充分体现了数学的抽象过程，该过程需要不断尝试。

如何来求解这个问题呢？如果让学生尝试一下，他们多半就会拿出笔和纸“开练”了。对于这个问题，欧拉其实不是用笔和纸来直接画的，因为这和人们去实际走那七座桥没有太大的区别，只不过是效率提高了。欧拉进一步研究，对于每一个点来讲，如果要一笔把和它相连的边都画出来，再回到这个点，而且走的边不能重复的话，需要什么条件呢？那自然就是，如果有一条边出去，就要有一条边回来。因此，我们设想，要想一笔把这个图形画出来，又回到出发的点，那和这个点相连边的条数应该满足什么条件呢？条数是偶数！这里可以表明数学抽象的好处：抽象可以去掉繁杂的背景信息，从而可以进行高效求解——数学的抽象美。

为了更一般化地解决这类问题，欧拉引出了一个“度”的概念。根据上述关于“一笔画”问题的讨论，每个点的度数都应该是偶数。因此，对于这个七座桥所形成的图，我们是不能一笔把它画出来的。回到原问题，我们最后得到的答案就是否定的，即我们不能一次性一次仅且一次把这七座桥走完。这样一来，欧拉比较完美地解决了这个问题。这体现了数学的应用美，即解决方法的简洁美。

除此以外，欧拉以这个问题为出发点，继续研究类似的相关问题，从而开创了两个著名的学科：图论和拓扑学。

通过这样的过程，学生对如何把实际问题简化、抽象，如何应用数学来解决实际问题以及用数学方法来解决实际问题的巨大魅力就深有体会了。这样的教学过程和体验过程可以给学生留下深刻的印象。当笔者在期末回访学生关于这门课程的印象时，学生都能回忆起这个例子，而且感觉良好。

（二）人口数量变化规律预测问题

人口数量的变化是一个持续引起人们广泛兴趣的实际问题，并且该问题也比较复杂。笔者巧妙地把这个复杂问题的简化求解方法一步步呈现在学生的面前。

首先，笔者介绍世界人口和中国人口的发展、分布特点，据此让学生意识到各个地区的人口变化是不同的。于是笔者提出问题：“中国人口数量将如何变化呢？”对于这个问题，学生一般难以回答，笔者则引导学生思考，如何一步步用所学过的数学方法来解决这个实际问题。

提问1：“影响某地区人口总数变化的最显著因素应包括哪些？”

通过引导，学生一般都能够想到的主要影响因素有个体的出生和死亡、性别比例、生育观念、迁入迁出、年龄结构、教育程度、当地经济发展水平等。

提问2：“我们需要考虑哪些因素呢？”

如果将这些影响因素全盘考虑，无疑是非常困难的。为简单起见，我们这里只分析一个因素（体现简化的思想）——仅考虑出生和死亡对人口总数变化的影响。

为了定量刻画人口总数变化的特点，我们需要引入变量来刻画我们关心的量。

提问3："我们需要引入什么变量呢?"

笔者引导学生关注的量为——人口总数（N）。由于人口总数随着时间的变化而变化，t 时刻一个地区的人口总数为 $N(t)$。变量的引入是应用数学的重要一步，好的变量可以起到事半功倍的效果。

提问4："如何建立 N 关于时间 t 的函数关系呢?"

笔者引导学生分析一个地区人口总数的变化和出生率、死亡率、观察的时间跨度、当时的人口基数等有密切关系。这个关系有什么特点呢?根据经验，出生率越高，观察的时间段越长，人口基数越大，那么新增人口越多；而死亡率对人口增长的影响则和出生率相反。

笔者进一步引导学生分析，对于这样的关系，选择什么样的函数关系来描述比较好呢？一般来说，如果时间间隔比较小，那最简单的函数关系可能就是线性关系了。

笔者引导学生建立数学关系，体现数学抽象的过程，去除学生的恐惧心理。设时间间隔为 Δt，在该时间间隔 Δt 内，出生人数为 ΔN_1，则有：

$$\Delta N_1 = b\,N(t)\,\Delta t$$

这个关系体现出新出生人口数和出生率、人口基数、时间间隔长度成正比。相应地，把时间间隔 Δt 内的死亡人数记为 ΔN_2，则可以得到：

$$\Delta N_2 = d\,N(t)\,\Delta t$$

其中，d 为死亡率。

笔者引导学生将部分整合成整体。若 $b>0$，$d>0$，在时间间隔 Δt 内，假设增加的人口数为 $N(t+\Delta t)-N(t)$，则根据前面的分析，有：

$$N(t+\Delta t)-N(t)=\Delta N_1-\Delta N_2=(b-d)\,N(t)\,\Delta t$$

去掉中间部分，从而可以得到以下模型：

$$N(t+\Delta t)-N(t)=(b-d)\,N(t)\,\Delta t \tag{1}$$

模型（1）称为人口增长的差分模型（通常，学生在教师引导下都能独立建立这个数学模型）。

模型（1）比较简单，但也容易看出，如果想计算出若干个时间段，比如 n 个 Δt 后的人口数据，则模型（1）显得不够方便。为了解决这一困难，我们利用微积分的知识来处理（这里可以体现导数、微分概念的价值。）

在人口基数比较大的情况下，若将人口总数 $N(t)$ 视为一个连续可导变量，则在很短的时间区间 Δt 内，方程（1）可以改写为：

$$\frac{1}{N(t)}\frac{N(t+\Delta t)-N(t)}{\Delta t}=b-d \tag{2}$$

对于上面的方程，若令 $\Delta t\to 0$，可得如下微分模型：

$$\frac{1}{N(t)}\frac{\mathrm{d}N(t)}{\mathrm{d}t}=b-d \tag{3}$$

求解数学模型（3），为方便起见，令相对增长率 $b-d$ 为 r，直接求解微分方程（3），可得如下形式解：

$$N(t)=N_0e^{rt},\quad t\geqslant 0$$

其中，N_0称为人口基数——这就是我们常说的马尔萨斯（Malthus）人口模型。

如果 r 是常数，会导致人口“爆炸”，模型需要改进。于是我们不妨将相对增长率 r 看成人口数 N 的线性函数，比如：

$$r(N)=r_0(1-N/K)$$

把求得的 r 代入模型（3）中，可得如下所谓的 Logistic 模型：

$$N(t)=\frac{K}{1+\left(\frac{K}{N_0}-1\right)e^{-r_0t}},$$

其图像如图 1 所示。当 $r>0$，$N_0<K$ 时，数量在开始增长较缓慢，中间增长很快，达到一定的数量后，增长将变得比较缓慢，并且不会超过人口上限 K。因此，这个模型看起来可以弥补前面马尔萨斯模型中人口增长一直处于指数增长的不足。我们用美国 19 世纪初人口实际数据进行验证，图 2 是人口的变化曲线。图 2 中的圆圈是实际统计人口数据，虚线是 Logistics 曲线，实线是 Malthus 曲线。从图 2 容易看出，短期来看，Logistics 模型和 Malthus 模型都能比较好地刻画人口数量的变化；但从长期趋势来看，Logistics 模型对人口增长的描述能力更好。

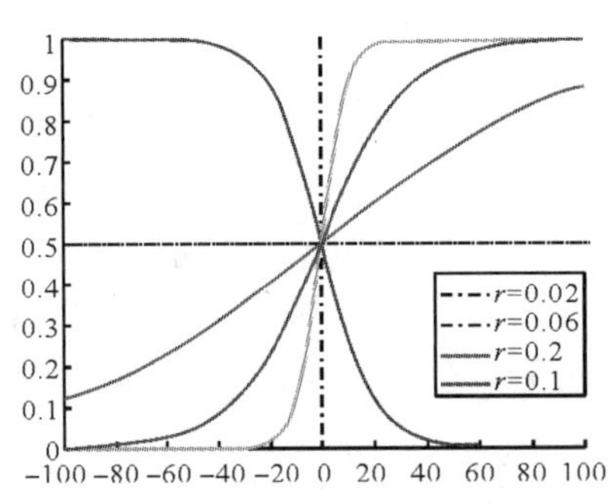

图 1　不同参数对应的 Logistic 曲线

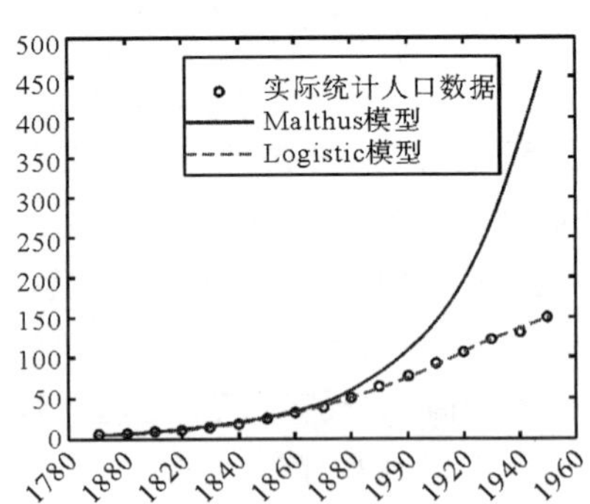

图 2　Malthus 模型和 Logistic 模型比较

首先，对于复杂的问题，不同的人如果出发点不同，那他们所建立的模型可能不同。其次，建立数学关系不是一次性就能完成的，它是个不断探索的过程。在此过程中，我们要不断检验、改进，直到满意为止。最后，对于复杂的问题，我们通常需要利用一些恰当的假设来简化问题，否则是难以解决问题的。

通过这样的引导，学生见证了应用数学解决实际问题的过程。循序渐进而又充分展现了数学思维的变化过程，让学生能够体会数学在这个过程中所起的重要作用，感受到了数学的变化过程。

（三）席位公平分配问题

席位分配是指将有限的席位或资源按人头尽量公平地分配给各个团体。这是我们日常生活中常见的现象，也称资源公平分配问题。其数学描述为：若 m 个团体的人数分别为 p_1，p_2，…，p_m，记总人数为 $P=p_1+p_2+\cdots+p_m$，记 $q_i=Np_i/P$，称为第 i 方的理论份额（$i=1, 2, \cdots, m$）。问题归结为：找一个整数分配方案 n_i，使 n_i与 q_i最接近。

笔者先引导学生分析这里能否直接用“平均数”，答案是“不行”——席位不可分为小数，必须都是整数。

学生容易想到的是四舍五入法——比例加惯例（Hamilton）方法，该方法是美国国会早期用于分配各州众议员名额的方法。

Hamilton 方法的主要思路如下：记 $q_i=N\,p_i/P$ 为第 i 方的份额的理论值，各方先分配 q_i的整数部分 $[q_i]$，余下名额按小数部分较大的几个来分配。这种方法是否合理呢？分析如下：

如果 3 个系学生共 200 人（甲系 100 人，乙系 60 人，丙系 40 人），会议共 20 个席位，则按比例分配，3 个系分别为 10 席、6 席、4 席。若学生转系使得三系人数变为 103 人、63 人、34 人，如何分配这 20 个席位呢？表 1 是基于 Hamilton 方法的分配结果：

表 1　基于 Hamilton 方法的分配情况

系	学生人数	人数比例（%）	20 个席位的分配		21 个席位的分配	
			比例（%）	席数	比例（%）	席数
甲	103	51.5	10.3	10	10.815	11
乙	63	31.5	6.3	6	6.615	7
丙	34	17.0	3.4	4	3.570	3

从表 1 的结果可以看出，丙系减少 6 人但分配没发生变化，因此对于甲系和乙系来说不公平。如果名额增加会出现什么结果呢？容易计算三系的分配名额分别是 11 人、7 人、3 人。总席位增加，丙系的名额却减少，显然不公平。如何改进呢？

用比例来刻画虽然简单，但不方便，因为不知道需要对多大的小数进行取舍。这里可以用每个席位代表的人数来衡量是否公平。对两个团体来讲，理论上当每个席位代表的人数相同，即 $\frac{p_1}{n_1}=\frac{p_2}{n_2}$ 时，席位分配公平，因此可以引入绝对差异 $\left|\frac{p_1}{n_1}-\frac{p_2}{n_2}\right|$ 刻画席位分配公平程度。绝对差异体现的公平性如表 2 所示。

表 2　绝对差异体现的公平性

对比组	单位	人数（人）	席位数（席）	每席位代表的人数（人）	绝对不公平标准
第一组	A	120	10	12	12−10=2
	B	100	10	10	
第二组	C	1 020	10	102	102−100=2
	D	1 000	10	100	

从表 2 中可以看出绝对差异不足以刻画不公平的程度，需要和各组的基数进行比较。因此，我们可以进一步引入相对不公平来刻画。比如若 $\frac{p_1}{n_1}>\frac{p_2}{n_2}$，则说明 A 吃亏，或者对 A 是不公平的，因此定义“对 A 的相对不公平值”为

$$r_A(n_1,\ n_2)=\frac{p_1/n_1-p_2/n_2}{p_2/n_2}=\frac{p_1n_2}{p_2n_1}-1$$

同理，若 $\frac{p_1}{n_1}<\frac{p_2}{n_2}$，定义“对 B 的相对不公平值”为

$$r_B(n_1,\ n_2)=\frac{p_2/n_2-p_1/n_1}{p_1/n_1}=\frac{p_2n_1}{p_1n_2}-1$$

利用相对不公平值，分配公平的目标是制订席位分配方案使 r_A 和 r_B 都尽可能小。学生此时可能有些疑惑，教师可以用增加 1 个席位时的分配方法来说明：

若 $r_B(n_1+1, n_2) < r_A(n_1, n_2+1)$，则这 1 个席位给 A 单位。

若 $r_B(n_1+1, n_2) > r_A(n_1, n_2+1)$，则这 1 个席位给 B 单位。

为便于推广，简化计算，若 $r_B(n_1+1, n_2) < r_A(n_1, n_2+1)$，则有

$$\frac{p_2(n_1+1)}{p_1 n_2} < \frac{p_1(n_2+1)}{p_2 n_1}$$

即

$$\frac{p_2^2}{n_2(n_2+1)} < \frac{p_1^2}{n_1(n_1+1)} \qquad (*)$$

我们得到最后的分配方法：当模型（*）成立时，增加的 1 个席位应分配给 A 单位，反之应分配给 B 单位。表 3 描述了 21 个席位逐次分配的过程。

表 3　21 个席位逐次分配的过程

甲	1	2	2	3	4	…	11
乙	1	1	2	2	2	…	6
丙	1	1	1	1	1	…	4

上面的三个例子从不同的方面说明了在不同类型的问题中如何进行数学的美的教育。第一个例子主要说明如何将实际问题逐步转化为数学问题，然后巧妙地解决了实际问题；第二个例子主要通过人口问题的阐述，说明我们如何将复杂的问题简化为比较简单的问题，再利用熟悉的数学理论来解决问题以及如何验证其与实际情形相吻合；第三个例子主要通过逻辑分析方法说明我们思考的过程是如何展开，相关的数学知识是如何逐渐引入的。这些例子的共同思想都是通过引导来教会学生如何理解数学及其应用，而不是仅仅介绍一些数学结果。

三、总结

思想决定一个人的人生，事实决定人类的认知，哲学如此，科学也如此。感受、欣赏数学的美是一个动态的过程，正如对艺术之美的欣赏一样，是一个需要在不断实践的过程中去体会，让大脑皮层不断受到刺激，发生化学反应的循序渐进的过程。数学的美的教育需要我们在实践中锻炼，在用中学、在干中升华，而不是简单的介绍，更不是简单的说教。数学的美的教育需要加强介绍数学概念、数学方法的发现、形成的过程。我们应培养学生良好的数学思维方式，从而增强学生理解数学概

念、解决实际问题的能力。

需要注意的是，数学的美包含抽象的要素，在介绍数学的美的时候，教师应多方面了解数学的美，注意选择一个宽松的环境和恰当的时机，不能牵强附会。抽象与概括是数学的显著特点，但不应据此形成把人拒之门外的标签，数学不是束之高阁的艺术品，也不是可望而不可即的精神存在。数学是实践的科学，是追求美好的科学，需要实践，需要火热的思考过程。

参考文献

[1] 杨泽忠. 从数学美感的产生看数学美教学 [J]. 数学教育学报，2008，17 (2)：5-7.

[2] 王钦敏. 感受数学美的两个重要途径 [J]. 数学教育学报，2014 (2)：53-56.

[3] 顾沛. 数学的美，在于数学思想深刻之美 [J]. 数学教育学报，2011，20 (4)：13.

[4] 徐利治，王前. 数学与思维 [M]. 大连：大连理工大学出版社，2016.

[5] 李泽厚，美的历程 [M]. 北京：读书·生活·求知·三联书店，2014.

[6] 张雄. 数学美的根源、本质和特征 [J]. 陕西师大学报（哲学社会科学版)，1991 (1)：49-54.

[7] 张邦基. 21 世纪数学课程的新发展——中美数学课程目标的比较与研究 [J]. 延边大学学报（社会科学版)，2002 (1)：95-98.

[8] 傅学顺. 访美归来话数学教育 [J]. 数学教育学报，2002，11 (3)：33-35.

[9] 苏德矿，李秀玲，叶清清. 中美大学数学教育研究之比较 [J]. 大学数学，2008 (2)：26-28.

[10] 史炳星. 将函数概念的学习与实际背景密切联系起来 [J]. 北京教育学院学报（自然科学版)，2006 (1)：43-44.

[11] 曹广福. 用热情和积累激发学生学好数学 [J]. 中国高等教育，2004 (Z3)：32-33.

通识教育中的美育内涵及其构建

胡科

摘　要：在高校通识教育理念与体系逐步完善的过程中，我们有必要对高校美育进行剖析和反思。本文提出高校美育应当发掘美育内涵、探究美育本质、遵循美育规律，将美育作为人才培养和通识教育体系中的重要内容。本文对构建深度融合与创新协同的美育发展体系进行探索，旨在切实提高学生的审美意识，培养学生的健全人格，启发学生的创造力。

关键词：美育；通识教育；审美价值；育人机制

18世纪90年代，德国剧作家、浪漫主义诗人席勒写给丹麦王子克里斯谦公爵的27封信，被人们整理为《美育书简》（又名《审美教育书简》）并出版。该书成为西方美育领域的经典论著。席勒将美育定义为“人性”的自由解放与发展，走上了“人的全面发展”和“审美的生存”新人文精神的重铸之路，推动了美育理论和实践的突飞猛进。在中国，1918年春，蔡元培先生专门题写“闳约深美”四个字赠予上海美术专科学校校长刘海粟先生。“闳约深美”这四个字，不仅成为上海美术专科学校的办学理念与校训，而且也成为此后影响中国大学教育特别是美育的核心理念之一。

一、美育的意义

美育是指培养学生认识美、爱好美和创造美的教育，也称美感教育或审美教育。美育培养学生正确的审美观、高尚的道德情操和感受美、鉴赏美、创造美的能力。美育是提高学生综合素质，促进全面发展不可缺少的重要组成部分。在中国高等教育从超常规发展向内涵提升转型的当下，美育对培养创新人才具有重要的意义。美育的意义具体表现在以下几个方面：

（一）美育有助于学生良好心理素质的养成

美育能够锤炼心灵，塑造完美的灵魂，使人养成不浮不躁、严谨平和、严格认真、踏实细致的优良品质，树立强大的自信心，充满对生活的希望，不畏艰难、勇往直前、积极进取。美育能够培养学生的团队协作意识，使学生感受集体的力量，使身心得以释放，心理情绪得以舒展。

（二）美育有助于学生审美观念的建立和创造力的开发

美育是一种审美教育，使审美能力成为一种观念上的享受，促进学生形成健康的审美情趣，提高审美意识，树立正确的审美观念，形成对美的正确认识和追求。美育可以成为学生创造力开发的源泉，为创造力的开发提供活力。

（三）美育有助于学生完美人格的建立

审美教育对人格的建构具有举足轻重的作用，美育用社会、艺术、自然以及人类的各种美好品质对学生进行教育感化，使学生在美的鉴赏实践过程中潜移默化地受到美的影响，从而使思想感情不知不觉得以提高、历练、净化，美使人格的习得向善、向美、向真。在美育过程中，学生能够不断完善自我，促进人格进一步高尚、完美。

二、美育的现状与转变

党的十八大以来，我国的美育教育取得了丰硕的成果，但总体来看，美育依旧是高等教育的薄弱环节。在当下高等教育改革的宏观体系中，美育的发展正处于如下背景中。一是“双一流”建设的宏大背景使高校内外的目光容易聚焦到战略性的、有显示度的“重大”议题上，如学科、师资、创新平台、高水平论文、科研与教学成果奖项、国际排名等指标。二是从高校教育改革和供给的视角看，每所高校都将人才培养、立德树人的重要性提高到了空前的地位，但体制上的创新、突破和成效还有待进一步实践和观察。近些年，越来越多的高校将宽口径专业教育与通识教育紧密结合，作为高等教育教学改革的重点，其目的是摆脱专业教育的“狭窄”，进而转向多学科、多视域、多层次，促进学生的全面发展和核心能力素质的提升。三是在高等教育改革和人才培养过程中，高校美育作为通识教育的重要方面，机遇与挑战并存，前景与困境同在。

在上述背景下，美育不仅应该从观念认知上回归审美的初心与以美育人的本位，而且应该在大学通识教育体系中，让美育占有更大的比重，给予其更多的重视。从狭义角度来看，美育特指艺术教育或人文艺术素养教育，包括美感经验、美学素养、审美体验等。从广义角度来看，一切学科知识之中都涵盖了美，包括哲学之美、科学之美、人文之美、经典之美、自然之美、生命之美等。美学原理渗透于各个学科专业和教学领域。因此在某种程度上，高校所有的课程体系都能够培养学生对美的认知与塑造能力，都能够培育学生的审美理想、品格和素养。从这个角度理解，美育上升到了综合素养与美学境界交融、整合的层次，有利于美育强势介入日常生活、个体生命与精神价值。

为此，深化高校美育，理应指向以美育人的审美价值与精神境界。高校尤其应当注重两个基本原则：一是从中西优秀文化传统中发掘艺术审美价值的特殊性，拓展学生认识美、体验美、感受美、欣赏美的能力；二是面向人类文明积淀的共通性，使上述能力拓展为精神滋养、心灵浸润、人格净化的载体，进而提升为创造美的能力与境界，最终为促进学生实现艺术化、审美化的人生奠定坚实基础。

三、美育在通识教育中的地位

20 世纪 80 年代以来，我国高校一直在探索作为专业教育补充的美育、素质教育、博雅教育或通识教育等的改革。从美育、素质教育、博雅教育到通识教育，不是简单的称谓以及公选课到核心通识课等课程体系的变化，而是在一定程度上反映了“厚基础、宽口径、重素养”的育人理念逐渐被广泛认知和践行，在人才培养领域中的推陈出新与不懈求索。

近几年，通识教育在许多高校得以推行实施。通识教育不仅是大学教育自身发展阶段的要求，更是民族文化发展的要求。通识教育没有统一的模式和标准的范本，其核心是育人，应该服务于各高校的人才培养目标，探索特色通识教育之路等。从整体上看，当前我国高校的通识教育在克服专业教育狭隘性、致力于学生全面发展等方面，发挥着日益重要的作用，也在全国范围内迅速普及和实施，取得了显著进展。

从局部或分支看，美育作为高校通识教育的重要组成部分和内核之一，其受重视程度和发展状况却不容乐观。一方面，在本科教育阶段，无论专业课程还是通识教育课程，都是一个庞大的体系，都需要在有限的学时总数基础上进行调整优化。现实中，通识教育容易受到专业教育的“挤压”，通识课程数量的增加、质量的提升、高水平师资的配备等，使各高校都面临诸多困境。另一方面，不少高校在进行通识教育改革和探索的过程中，比较突出和强调模块化、体系化设计与分类。观察我国高校的通识教育课程体系设计和实践状况，虽然模块分类不尽相同，但大致都存在涵盖面较广与优质课程深度开发不足的矛盾，特别是某些领域，如美育类课程，课程比较薄弱甚至严重缺失，亟待引起足够的重视，需要高校采取切实的改进举措。

在“双一流”建设的过程中，高校必须更加理性地意识到，美育作为通识教育的重要内涵，有助于大学生知识结构的优化、综合素养的提高、精神境界的提升、人生修为的完善。美育的成效，在一定程度上是隐性的，其“潜伏期”较长，甚至不可测度、不可量化。长期以来，在高校专业和通识教育课程体系的现实构建与调整中，美育在人才培养中的不可替代性往往容易被忽视，或者被简单地替代、删减。让美育真正成为通识教育的重要内涵，意义十分重大。高校应该在探索如何继承和弘扬优秀教育教学经验与传统文化的基础上，有效地融合专业能力、通识基础和人文艺术素养教育等方面的优势，将美育理念贯穿人才培养全过程。

四、美育的实施路径

（一）构建美育的多角度载体

1. 美育的基本载体——文学艺术课堂教学

美育课堂教学要注重形式与内容的统一，采用多元化的教学模式，针对不同理论基础的学生，建立分层美育课程教学体系。另外，美育课程应该符合全体学生的发展特点和审美情趣。

2. 美育的一般载体——校园文化

高校可以开展多种形式的活动，增强美育渗透，如名人名言、诗歌朗诵、艺术节、书画大赛等形式多样的各种文化活动，在校园内外处处营造“美”的环境，使学生们在不知不觉中受到艺术与美的熏陶，提高对美的感受力、欣赏力和创造力。

3. 美育的特殊载体——教师的人格魅力

教师要仪表端庄、气质高雅、自尊自信、兴趣广泛、情趣健康以及培养积极的生活态度并将美带给学生，以自身的言行感染、引导、辐射学生。

4. 美育的复合载体——网络平台及其他学科的美育渗透

教师可以利用网络开展美育教学，激发学生的学习兴趣，增强学生自主学习的能力，强化学习效果，培养学生的合理想象和创造性思维。

（二）形成美育的深度融合与创新协同机制

高校课程体系要重视培育学生对科学之美、人文之美、实践之美、创造之美的认知能力，培养学生对文学、艺术的理解能力和审美情趣，提升学生的想象力、思辨力、鉴赏力、表现力和交流沟通能力，使审美教育更加具有适切性、通达性，成为一种育人自觉与常态。美育不仅是在通识教育中设置一些人文、艺术、美学类课程，而且还应该注重在所有通识类课程甚至专业类课程中，凝练审美的特征、赋予审美的质地，更要发挥校园博物馆、艺术馆、音乐厅、文化景观等载体的美育职能。高校要充分认识到美育在人才培养和人的智力开发中有着专业教育和其他课程教育无法替代的作用。

高校构建适应拔尖创新人才培养的大学美育发展体系，还应着力构建创新协同的育人机制。一是加强顶层设计，制定美育发展规划，夯实美育作为大学育人内核之一的地位和作用；二是进一步明确通识教育总体构架下美育模块的目标及实践路径，不断丰富和完善美育核心通识课程体系；三是加强校内外联动，注重发挥校外文化艺术专家的作用，吸引其以名誉艺术家、讲座教授等名义进校园，举办系列课程、做报告，或者举办展览、展演活动等，形成浓郁的审美教育与艺术传播氛围；四是在学校层面建立美育发展协调联动机制，联合教学管理部门、学生工作部门、文化场馆和相关院系，形成稳定持续、灵活高效的美育工作模式和良好的支撑保障体系。

五、结语

为培养和造就适应我国现代化建设需要、具有创新能力的高素质人才，在“双一流”建设和全面推进素质教育背景下，高校的美育应指向以美育人的审美价值与精神境界，要更加重视美育在人才培养和通识教育体系中的突出作用。在中华民族伟大复兴及全面建设小康社会的进程中，作为高校教育工作者，我们应当为培养有道德、有担当、全面健康发展的社会主义事业接班人而锐意进取，使高校的美育工作再上新的台阶，取得新的进展。

参考文献

[1] 杨恩寰. 美学引论［M］. 北京：人民出版社，2005：473.

[2] 杨伶. 蔡元培美育思想述略［J］. 高校理论战线，2004（5）：59-61.

[3] 巩琦. 论美育对大学生素质教育的促进作用［D］. 济南：山东师范大学，2009：1-47.

[4] 毕剑锋. 关于加强高校美育的几点思考［J］. 山东工商学院学报，2011（2）：121.

[5] 鲁君. 高校审美理想教育与创新人才培养模式研究［D］. 西安：西安电子科技大学，2010：1-63.

[6] 姜殿坤，李英. 我国高等学校美育实施中存在的主要问题及解决对策研究［J］. 国家教育行政学院学报，2018（6）：62-68.

西部高校大学生创业动机形成机理研究
——基于扎根理论

赵卫东　熊家阔

摘　要： 本文运用扎根理论研究方法，从创业者人格特质的视角切入，以大学生如何面对当前创业现状并产生创业动机为主线开展研究。本文通过对29位西部高校大学生创业者进行深度访谈，发现创业者人格特质、情感与政策支持、创业教育、创业能力、创业自我效能感和创业前经历准备对西部高校大学生创业动机具有显著影响，并构建了西部高校大学生创业动机形成过程的概念模型。本文对于大学生创业动机形成机理的研究具有一定的探索性。

关键词： 西部高校大学生；创业动机；扎根理论；创业者人格特质

一、引言

2019年3月10日，习近平总书记强调，要营造有利于创新、创业、创造的发展环境。政府和高校已经把支持创业教育、鼓励大学生自主创业作为一项重点工作。近年来，我国大学生创新创业取得了很大发展，但真正创业的大学生的比例与欧美国家的这一比例相比，有不小的差距。如何增强大学生创业动机、提高创业比例，仍然是政府、学校和全社会所面临的一个重要挑战。对于创业行为，有不少学者基于动机和行为的关系开展研究。高宏等发现创业动机由激励动机、责任动机、制度动机与机会动机四个维度组成，且各个维度对创业行为倾向存在不同程度的影响。胡怀敏、肖建忠把创业动机分为机会驱动型和生存驱动型两种，发现创业者的创业动机对创业有显著的驱动作用。斯科特（Scott）等认为不同种类的创业动机可以影响创业过程的各个方面。由此可见，强化大学生的创业动机，对于提高大学生自主创业比例至关重要。

关于一个人的创业动机受什么因素影响，大多数学者从创业者的人格特质视角进行了讨论。惠顿（Whetton）等的研究发现，外向性特质、开放性特质影响创新能力与创业倾向。科迪（Leedy）等指出，创业者人格特质是创业动机的主导性因素。姜红玲等发现大多数个性特质都对创业倾向有着显著的影响。范巍、王重鸣在前人划分的人格特质基础上继续开展研究，发现大部分人格特质与创业意愿有着明显的关系。这些研究并没有从具体的创业现状出发，分析不同人格特质的人如何面对这些现状，并进一步形成创业动机的机理，忽略了中介变量及情境因素的作用。因此，本文针对西部高校大学生创业者，基于扎根理论，探析大学生创业动机的影响因素，旨在构建一个大学生创业动机形成过程的概念模型。

二、文献综述

（一）大学生创业

在国内，刘建钧认为，创业是一个创建企业的过程。在国外，欧盟创业能力框架对创业的定义是："创业就是你对机会和想法有所行动，并将这样的行动转化到他人的价值中。"可以发现，在实物形态上，创业可以定义为创建企业的过程；在价值形态上，创业可以定义为创业者调动资源，将理想或目标变成行动，并创造价值的过程。本研究按照"在校或毕业五年内的大学生创建一个企业的过程"来定义大学生创业。

（二）大学生创业动机的概念与结构

创业动机没有一个统一的定义。曾照英等认为，创业动机是激发、维持和调节人们从事创业活动，并引导创业活动朝向某一目标的内部心理过程。弗罗姆（Vroom）认为，关于创业的动机要结合三个部分综合考虑而产生，即效价、期望和手段。罗比肖（Robichaud）等从目标的角度出发，把创业动机看成一种目标。尚恩（Shane）等从意愿的角度考虑，认为创业动机和创业意愿意思相似，都是一种自发性。本研究将大学生创业动机界定为激发、维持、调节在校或毕业五年内的大学生从事创业活动，并引导创业活动朝向某一目标的念头或意愿。

目前，创业动机的结构模型主要有两种。库拉特科（Kuratko）等在以往研究的基础上，通过结构性访谈与数据处理，提出创业动机四因素结构模型（见表1）。曾照英等在中国情境下，把人类需求划分成更为精简与贴合实际的创业动机二维模型（见表2）。

表1　创业动机四因素结构模型

外部报酬	独立/自主	内部报酬	家庭保障
(1)获得个人财富 (2)增加个人收入 (3)增加收入机会	(1)人身自由 (2)个人保障 (3)自我雇佣 (4)当自己的老板 (5)控制自己的职业命运	(1)得到公众的认可 (2)迎接挑战 (3)享受兴奋 (4)个人成长 (5)证明自己的能力	(1)家庭成员将来的保障 (2)建立一个可以传承下去的家族企业

表2　创业动机二维模型

事业成就型	生存需求型
(1) 获得成就认可 (2) 扩大圈子影响 (3) 成为成功人士 (4) 实现创业想法 (5) 控制自己的人生	(1) 不满收入 (2) 提供经济保障 (3) 希望不再就业

后来，罗比肖（Robichaud）等人对创业动机四因素结构进行了修订，但总体来说变化不大，仅增加了一些比较实际与具体的条目。

（三）创业者人格特质的研究

人格特质是一种复杂的生理和心理结构，用来揭示个体的行为规律以及不同个体对同一现象的不同反应。奥尔波特（Allport）首先提出了人格特质的概念，并将其分为共同特质和个人特质两大类。卡特尔（Cattell）又通过研究，将其细分为乐群性、活泼性、稳定性等16种相对独立的特质。艾森克（Eysenck）在此基础上继续研究，提出了人格结构层次理论，并将其归纳为内倾/外倾、神经质、精神质、智力、守旧性/激进主义五个维度。后来，麦克雷和科斯塔（McCrae & Costa）根据卡特尔的16种相对独立的特质构建了人格五因素模型，即神经质、外倾性、开放性、宜人性和尽责性。泰勒根和沃勒（Tellegen & Waller）提出的正情绪性、负价等七因素结构，得到了一些跨文化研究学者的验证。不过，大量事实证明，国外的人格特质研究并不一定适用于中国。王登峰等基于中国情境，提出了外向性、善良、情绪性、才干、人际关系、行事风格和处世态度七因素模型。但是，创业者与非创业者的人格特质还有很大不同，有研究者进一步将创业者人格特质分为外向性、神经质、宜人性、尽责性、经验开放性、风险承担等维度。基于中国背景，目前还没有得到普遍认同的理论模型。

（四）创业自我效能感的研究

自我效能感是指相信一个人能够聚集和运用必要的资源、技能和能力，在给定的任务上获得一定水平的成就。将自我效能感引入创业领域中，“给定的任务”就变成了“创业”。卢桑斯（Luthans）等认为，创业自我效能感是创业者的一种信念和自信，具体是指创业者利用其能力能够影响所处环境并通过相应行为获得成功的自信。在现有研究中，一些学者对创业自我效能感与创业意向、创业动机的关系进行了探讨。例如，汤明通过研究发现创业自我效能感与创业意图呈显著正相关，影响着创业意向的强度、方向和持续性。刘芳认为，个性特征能够影响大学生创业自我效能感，大学生创业自我效能感能够正向影响创业动机。罗婷婷也发现创业自我效能感能够显著预测创业意向。通过对这些研究的梳理与分析可知，创业自我效能感对创业动机有显著影响，但是创业者人格特质与创业动机的中介机制以及创业自我效能感在其中扮演的角色仍需进一步深入研究。

（五）创业外部环境的研究

目前，对外部环境的分类及定义并没有统一。有研究者（Chenetal）在创业动机的相关研究中将外部环境分为家庭支持、政策支持、社会规范和社会关系。也有研究者（Gnyawal）把外部环境因素分为政府政策、社会经济环境、管理技能、资金支持、非资金支持。科夫（Djankov）等研究发现，家庭环境对创业者有着明显的影响，尤其是青少年创业者。例如，对于大学生创业者来说，其家庭环境极有可能是创业动机的影响因素。一方面，创业者的性格、价值观等在很大程度上受家庭影响；另一方面，家庭的支持与否可能影响创业者本人获得资金等资源的难易程度以及创业的决心。范·普拉克（Van Praag）等认为，国家经济政策影响着创业活动，进而影响经济的增长。高赫曼恩和尚恩（Gohmann & Shane）也通过研究发现，外部因素包括制度，对潜在创业者具有显著性影响。韦雪艳等认为，社会环境对创业者而言，不仅是其获得宝贵资源的首要渠道而且也是维持旺盛创业生命力的重要变量。

（六）创业能力的研究

创业能力的界限及定义也没有统一。李琳璐等将创业能力分为三类。

专业能力，包括捕捉市场机遇的能力、发现和用人的能力等；方法能力，包括实践、分析与决策的能力等；社会能力，包括人际交往、谈判的能力等。本研究基于客观事实和研究需要，将物质资本、人格魅力和机遇也归入其中。现有研究表明，创业能力是创业成功的有力保障，与创业动机有着显著性关系，创业能力对大学生创业动机的影响主要体现在创业机会识别、创业市场定位、创业资源获取、人际交往能力。可见，创业能力显著影响创业动机，但是关于创业能力如何影响创业动机的研究却非常稀少。例如，胡哲认为，创业能力是通过实践活动进而影响创业动机的。

（七）创业教育的研究

杨爱杰认为，创业教育是指教会学生适应社会、提高能力和自我创业的方法与途径。郭丽君等认为，创业教育主要有三个阶段：第一阶段是大学生可以通过创业教育达到了解创业的阶段；第二阶段主要是对创业者的改造，通过创业教育使学生能够增强创新能力、抗风险能力和抗压能力等；第三阶段则是一个结果阶段，是指学生产生创业动机，开创新企业的阶段。赵静通过研究发现，创业教育对大学生创业动机有显著影响。王绪梅也认为，创业教育有助于大学生创业活动，增强大学生创业动机。张熙悦发现，创业教育只是作为一个间接因素影响着创业动机。可见，创业教育如何影响创业动机的中间过程依然不甚清晰，仍需进一步探究。

三、数据来源

（一）访谈设计

为确保访谈对象能够充分理解访谈内容，本研究先进行预访谈，邀请 2 位大学生创业者进行深度访谈，根据访谈反馈，修改访谈提纲。同时，本研究邀请 2 位研究创新创业或开设创业教育课程的专家对访谈提纲进行调整。经过预访谈和专家校检后，本研究最终确定访谈提纲。访谈提纲主要包括 3 个部分：第一，术语界定；第二，导语；第三，访谈问题，如表 3 所示。

表3 访谈问题（具体问题、顺序视情况而定）

（1）您认为目前我国西部大学生创业处于一个怎样的现状？
（2）您认为您是一个什么性格的人？在生活中，其他人会认为您是一个什么样的人？您认为这样的性格会在您创业过程中产生什么影响？
（3）您创业主要是为了什么？
（4）您是否受到过家人、朋友或社会上其他人的影响？
（5）您认为一个创业者最需要的素质和能力是什么？
（6）您对学校和社会上的创业教育持有什么样的看法？
（7）您认为学校以及国家对您创业想法的产生有什么影响？
（8）您对您的企业或者未来的企业有什么期许？如果您尽力的话，是否有足够的信心解决企业未来可能会面临的问题？
（9）关于大学生创业，您还有什么想分享的吗？

（二）数据收集

本研究有29位受访者，符合在校或毕业5年内有创业动机或者已经创业的西部高校大学生的标准。另外，为了保证数据的完整性，本研究收集了5位创业成功的西部高校大学生创业者的案例。其中，访谈资料共有5万余字，二手案例资料共有1万余字。34份资料有25份用于数据编码，其余用于理论饱和性检验。29位受访者的基本信息，即样本特征见表4。其中，有部分受访者不方便给出某些信息。年龄段20~24岁用“1”表示，25~29岁用“2”表示，30~34岁用“3”表示，其余用“4”表示。有创业动机还未创业用“0”表示，已经创业用“1”表示。

表4 样本特征

编号	年龄	性别	出生地	政治面貌	所学专业	父母职业	主要服务（阶段）	访谈资料（字）
1	1	男	农村	共青团员	信息与通信工程	农民	游戏行业（0）	1 989
2	1	男	农村	中共党员	土木工程	农民	教育行业（1）	1 905
3	1	男	城市	共青团员	艺术品管理	商人	用户成就增值（1）	1 653
4	3	女	城市	群众	商务英语	个体户	口腔医疗（1）	1 017
5	4	男	农村	群众	计算机/工商管理		教育行业（1）	1 785
6	1	男	农村		人力资源管理		蔬菜连锁超市（1）	1 159
7	2	男	城市			医生	互动文化传播（1）	1 326
8	3	男	农村	中共党员	工商管理	个体户	保险产品（0）	1 556
9	2	男	城市	中共党员	英语	银行	教育行业（1）	1 119
10	3	男	城市	群众	计算机		互联网+（1）	1 050

表4(续)

编号	年龄	性别	出生地	政治面貌	所学专业	父母职业	主要服务（阶段）	访谈资料（字）
11	2	男	农村	群众		农民	服装行业（1）	806
12	2	女	农村	中共党员	金融	无	教育行业（1）	1 026
13	2	男	农村	共青团员	机械自动化	自由	教育行业（1）	1 607
14	4	女	城市	中共党员	交通运输	个体户	教育行业（1）	1 405
15	2	女	农村	共青团员	金融	个体户	服装行业（1）	1 074
16	2	女	农村	中共党员	英语	自由	教育培训（1）	1 262
17	1	女	农村	中共党员	财务管理	农民	教育行业（1）	946
18	2	女	城市	中共党员	工商管理	职员	文创知识付费（1）	907
19	2	女	城市	中共党员	通信工程	个体户	民宿（1）	1 472
20	3	男	农村	群众	对外汉语	农民	心理咨询（1）	1 204
21	1	男	农村	中共党员	材料工程	农民	婚庆行业（1）	1 017
22	2	男	城市	群众	工商管理	工人	实体女装行业（1）	2 149
23	2	男	农村	群众	工商管理	农民	教育行业（1）	1 195
24	3	男	城市		材料工程		钢铁研究（1）	3 179
25	2	男	农村		电子工程	农民	智慧场景互动（1）	1 408
26	2	女	农村	共青团员	数学与信息科学	农民	应用程序推广业务（1）	2 073
27	4	男	城市	群众	汽车工程	工人	在线教育（1）	1 115
28	2	女	农村	群众	工商管理		网上零售（0）	915
29	2	女	城市	中共党员	英语翻译		餐桌布艺产品（1）	1 636

四、数据分析

（一）开放性编码

本研究由2人小组独立编码，再经过讨论确定编码结果。具体流程是：将收集的资料进行整理，即把所有资料转化成Word文档形式，再将整理的资料导入Nvivo软件中；开始对资料进行打散、逐句编码，得到了创造财富、脚踏实地等439个标签；在对标签的比较、梳理、归纳过程中，将标签的参考点小于2的予以剔除；经过多次比较、整合和归纳后得到创造财富、增加收入机会等69个概念；对意思相近或相似性很强的概念合并后得到29个范畴。表5为开放性编码过程示例。其中，aa表示标签，a表示概念，A表示范畴。

表5　开放性编码过程示例

原材料	编码过程		
	标签化	概念化	范畴化
12号:家里的经济条件不好,想通过自己创业来为自己和家人创造财富(aa4) 15号:应该是就业环境对高年龄者的不友好(aa105) 3号:创业为了什么?为了自由和刺激,最近看了一下自己喜欢的房子,需要付1 600万元左右(aa47) 16号:上班太受拘束(aa47) 20号:创业还有一个原因,希望可以早日实现财务自由,但这并非指的金钱,更多是一种能力,有了优秀的能力,可以让自己做更多自己想做、喜欢做的事情,而不让自己陷入为生活而奔波的状态(aa115) 3号:原因就是不能打一辈子工(aa97) 5号:骨子里希望利用有生之年能做点什么,改变点什么(aa9) 13号:创业想法往往来源于突发奇想(aa40) 4号:自己也比较喜欢尝试创业,觉得有挑战性(aa53) 2号:又能锻炼一下自己,就跟他合作创办了(aa93) 3号:人这一辈子总该有点想要创造和守护的东西吧(aa10) 5号:创业是为了实现个人价值,包括财富、人生理想等(aa63) 1号:追根溯源,激励的源头在于有一个美丽的梦想(aa114) 2号:当我认识到区块链的时候,我就很想利用区块链的特性开发一款跨时代的游戏,让玩家获得更好的愉悦感(aa86) 2号:我之所以想要创业是因为我喜欢玩游戏(aa12) 7号:感觉自己的资本已积累到足够开一家公司了,于是便决定开一家公司,让自己为自己打工(aa15) 24号:趁年轻在宝贵的时间里去尽可能地为家人创造更好的生活环境……(aa81)	创造财富(aa4) 就业难(aa105) 向往自由(aa47) 实现财务自由(aa115) 不能打一辈子工(aa97) 不甘于平淡和安于现状(aa9) 创新的念头(aa40) 热爱挑战(aa53) 锻炼自己(aa93) 实现自我价值(aa10) 实现个人价值,如财富、人生理想(aa63) 实现梦想(aa114) 服务社会(aa86) 提供就业机会(aa65) 个人爱好(aa12) 创业条件具备(aa15) 家庭保障(aa81) ……	创造财富 a1(aa4) 增加收入机会 a2(aa105) 选择自由 a3(aa47) 自我雇佣 a4(aa97、aa115) 热爱挑战 a5(aa9、aa40、aa53) 个人成长 a6(aa93) 实现自我价值 a7(aa10、aa63、aa114) 得到公众的认可 a8(aa65、aa86) 享受兴奋 a9(aa12、aa15) 家庭保障 a10(aa81) ……	外部报酬 A1(a1、a2) 独立自主 A2(a3、a4) 内部报酬 A3(a5、a6、a7、a8、a9) 家庭保障 A4(a10) ……

（二）主轴式编码

主轴式编码是比较、发现各个范畴间是否有层次、维度等相关性，把具有显性或隐性相关关系的范畴聚为一个主范畴。本研究依据典范模型中蕴含的逻辑关系，包括因果关系、类型关系、策略关系、构成关系等进行编码。本部分的编码过程继续对范畴进行“修剪”。本研究共梳理出八大主范畴。八大主范畴及其对应范畴如表6所示。

表6　八大主范畴及其对应范畴

编号	主范畴	对应范畴	主要内容
1	大学生创业动机	外部报酬、独立自主、内部报酬、家庭保障	外部报酬：创造财富和增加收入； 独立自主：向往自由，不喜欢给别人打工； 内部报酬：热爱挑战，实现个人梦想、自我价值以及服务社会； 家庭保障：满足家庭所需物质条件等
2	创业者人格特质	急性子、外向性、风险承担、经验开放性、随和性、尽责性	急性子：有了想法和计划就迫不及待地实施； 外向性：热情开朗、积极乐观、自信； 风险承担：有胆识、冒险精神； 经验开放性：爱琢磨、求新； 随和性：谦虚、温和； 尽责性：做事真诚、可靠、务实、追求完美、谨慎、负责任
3	情感与政策支持	家庭情感支持、政策支持、社会情感支持	家庭情感支持：在情感上家人的理解与支持； 政策支持：国家和高校在政策上对大学生创业的照顾与支持； 社会情感支持：受到社会人士或成功人士的鼓励和影响
4	创业教育	创业教育课程与创业孵化基地、创业建议	创业教育课程与创业孵化基地：一切与指导创业有关的课程、知识、技能教育； 创业建议：他人给予关于创业的建议
5	消极创业现状	资源匮乏、风险大、在位挤压	目前西部高校大学生创业的宏观现状不容乐观，主要是因为好的创业项目缺乏、拉投资难、人脉关系不足、成功率低，受到现有大企业的挤压等

表6(续)

编号	主范畴	对应范畴	主要内容
6	创业能力	物质资本、专业能力、方法能力、社会能力、人格魅力、机遇	物质资本：人力、物力、财力资本； 专业能力：必备的从业能力、管理能力； 方法能力：实践、洞察、创新能力； 社会能力：合作、沟通、交际以及抗压能力； 人格魅力：创业者具有良好的品德和感召力； 机遇：好的运气
7	创业自我效能感	创业自我效能感	创业者的一种信念和自信，具体是指创业者利用其能力能够影响所处环境并通过相应行为获得成功的自信
8	创业经历准备	创业经历、工作经历、经历影响	创业经历：此前有过创业以及模拟创业经历； 工作经历：实习、正式工作等经历； 经历影响：这些经历可能会造成积极的影响，也可能会造成消极的影响

（三）选择性编码

本研究通过典范模型对梳理出来的八大主范畴进一步分析，可以得到“大学生创业动机影响因素”这一核心概念，以统领所有的主范畴。核心范畴“大学生创业动机影响因素”的典范模型如表7所示。

表7 核心范畴“大学生创业动机影响因素”的典范模型

因果条件（A）： 消极创业现状：资源匮乏、风险大、在位挤压	现象（B）： 创业自我效能感：创业自我效能感
脉络（C）： 创业者人格特质：急性子、外向性、风险承担、经验开放性、随和性、尽责性	干预条件（D）： 情感与政策支持：家庭情感支持、政策支持、社会情感支持 创业能力：物资资本、专业能力、方法能力、社会能力、人格魅力、机遇 创业经历准备：创业经历、工作经历、经历影响
行动/互动策略（E）： 创业教育：创业教育课程与创业孵化基地、创业建议	结果（F）： 大学生创业动机：外部报酬、独立自主、内部报酬、家庭保障

影响大学生创业动机的因素可以分为个人层面和环境层面两个层面。个人层面包括创业者人格特质、创业能力、创业前经历准备和创业自我效能感。环境层面包括情感与政策支持和创业教育。大学生创业动机影响因素的概念模型如图 1 所示。西部高校大学生的创业现状不容乐观，主要表现在三个方面：一是资源匮乏，即人脉、资金等资源不足；二是风险大，即创业成本高，成功率却很低；三是在位挤压，即现有企业凭借在位优势对新创企业进行挤压以及产品、服务模仿。面对消极的宏观创业现状，那些具有开放求新、外向开朗、随和、做事务实，又敢于承担风险等人格特质的大学生往往经过对自我创业能力、情感与政策支持与经历准备的评判和接受创业教育，达到一定程度的创业自我效能感，创业自我效能感越强，其创业动机就会越强，创业倾向就越高。值得注意的是，创业前经历准备与创业能力并不完全独立，创业前经历准备会促进创业能力的提升；同时，创业教育与创业能力也不是完全独立的，创业教育在一定程度上同样有助于提升创业能力。

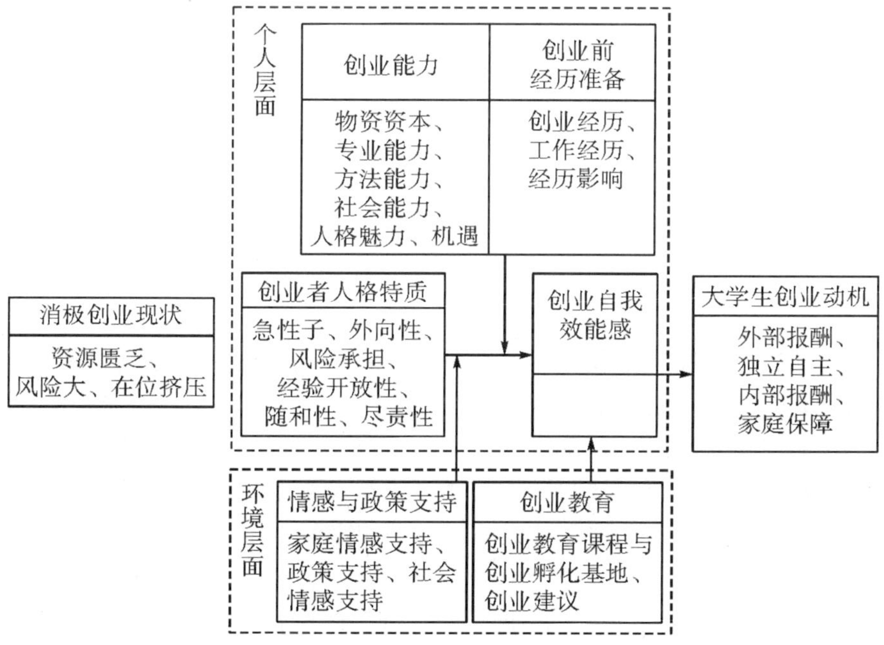

图 1　大学生创业动机影响因素的概念模型

（四）理论饱和性检验

当再收集到的资料经过概念化、范畴化后不能够得到新的概念或范畴，即说明编码体系或理论已达到饱和。本研究将剩余的 9 份资料经过数据编码后发现，模型中的范畴已经发展得足够充足，对比后并未得到新的概念，因此可以认为创业动机影响因素概念模型达到理论饱和。由于编码资料较多，用以下 5 句作为举证：

（1）不愿意去创业的原因：一是缺乏经验，不知道如何开始；二是缺乏资金，很多工作无从开展（资金、经验等资源匮乏 aa1）。

（2）我的性格比较外向，在生活中，与我相处过的人大多觉得我比较好相处，是一个开朗的人。在我看来，开朗的性格有利于创业，开朗的人能够更轻松地获取他人的信任，也更容易被人接纳，而且容易沟通（热情开朗 aa127、随和 aa117）。

（3）我创业一方面是为了实现自己的梦想，另一方面比较实际的想法就是为了获取盈利（实现梦想 aa114、创造财富 aa4）。

（4）创业之前，有过一些模拟创业的经历，这些经历可以帮我快速地形成一个整体的思路，而且能够让我看到一些可能会遇到的困难，可以帮助我今后妥善地解决这些问题（创业经历 h1、经历影响 h3）。

（5）创业之前，我在一个单位实习，该公司就是从一个四人团队逐渐发展壮大的，创业之初，很多事情都要老板亲力亲为，老板每天都在与时间赛跑，但后来团队逐渐发展壮大，影响力也逐渐扩大。我认为这个过程虽然很累，但是也非常激励人。因此，我在创业的过程中，尽管遇到了很多艰难，但是只要想到别人也是这样过来的，我就觉得再大的困难，只要坚持，一定有办法可以克服（创业成功人士的影响 aa22）。

（五）概念模型理论分析

基于社会认知理论和奥尔波特特质理论，人类的活动是由个体认知及特征、个体所处的环境和个体行为交互决定的，当人们置身于环境中，人们就是自身及其经历的能动者，并且会通过直接或间接的学习，增强对掌控局面以完成目标的自信心。不同人格特质的人面对同一情境会产生不同的反应，并且这些反应具有一致性和稳定性。面对当前消极创业现状的情境，外向性、偏好风险的人热情乐观，不怕冒险，热爱挑战，想通过不断学习知识、获取经验、筹集资源来走出目前的困境；经验开放性的人求新、爱琢磨，想创新、创造地解决问题；随和的人比较善于形成良好的形象，想通过向他人请教来解决问题；尽责的人沉稳务实，努力把想法变为现实；急性子的人果断，做出决策和行动不拖延。动机产生于需要，根据人本主义（ERG）需求理论，西部高校大学生创业动机可以分为两部分：一部分是外部报酬和家庭保障，对应生存需求，另一部分是内部报酬和独立自主，对应成长需求。需求是有机体力求获得满足的心理倾向，是有机体自身和外部生活条件的要求在头脑中的反映。大学生创业者或者由于经济拮据、家庭生活不能保障，或者由于自我价值实现度低、自由度低等，导致他们产生需求，有为自己、家庭和社会创造财富的物资需求，也有实现自我价值、获得独立自主的精神需求。那些产生需求的大学生若具有创业者人格特质，再经过对自己创业能力、情感与政策支持和经历准备的评判和接受创业教育，在内心会形成一种对自己创业成功的期望和预判，即创业自我效能感。创业自我效能感越强，最终产生满足需求的念头或心理状态就越强，即创业动机越强。

五、结论与展望

（一）研究结论

本研究针对西部高校大学生创业者，以人格特质为视角，围绕着大学生创业者如何面对当前创业现状并产生创业动机的主线，基于扎根理论开展研究。本研究的主要发现如下：

（1）影响西部高校大学生创业动机的因素可以分为两个层面。一是个人层面，包括创业者人格特质、创业能力、创业前经历准备和创业自我效能感。二是环境层面，包括情感与政策支持、创业教育。

（2）创业自我效能感在创业者人格特质、创业教育与创业动机之间起到中介作用。

本研究基于以往研究，即自我效能感对创业动机有促进作用，进一步拓展，把特定的创业现状与人格特征带来的反应、情感与政策支持、创业能力、创业教育等作为前置因素，同时把创业自我效能感作为一个融合各因素所得的评价结果。

（3）情感与政策支持、创业能力和创业前经历准备在创业者人格特质与创业自我效能感之间起到调节作用。

情感与政策支持是父母、亲人、社会人士对大学生创业行为的情感态度和国家、高校对大学生创业的政策支持度。如果家庭给予支持的态度，则会增强大学生创业的信心，有助于提高大学生创业自我效能感。因此，父母的鼓励和亲戚朋友的支持有利于创业动机的激发。如果社会创业成功人士支持和鼓励大学生创业，国家和高校在政策上支持大学生创业，这也会提高大学生创业自我效能感。同时，一个人的创业能力越强，机遇越好，其对自己能够聚集和运用必要资源、技能和能力，在给定任务上获得一定水平的成就的信心就越强。另外，一般情况下，大学生有着丰富的经历，有助于积累人脉、资金等资源，有助于学会基本的经营技巧，加深对实际工作的认知和了解，进而增强创业自我效能感。当然，也不排除此前创业失败等经历会造成的消极影响。

总之，我们可以理解为，在一定情境与不同人格特质作出的特定反应下，情感与政策支持度越高、创业能力越强以及创业前经历准备越充足，大学生的创业自我效能感越高；相反，大学生的创业自我效能感越低。干预因素作用示意图如图 2 所示。

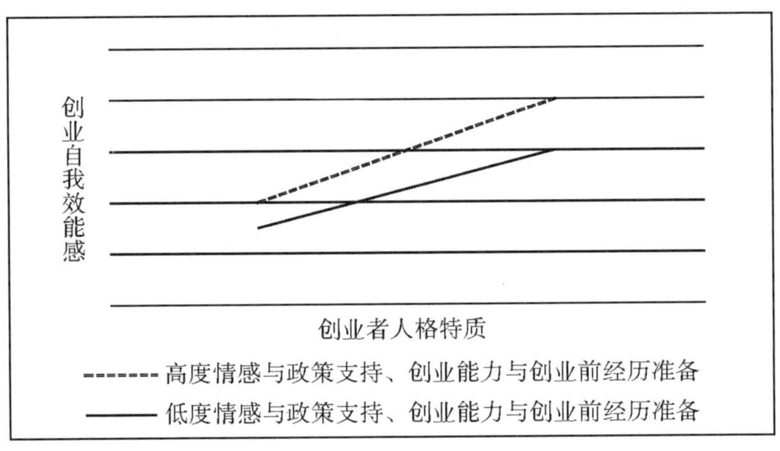

图 2　干预因素作用示意图

（二）局限性与展望

本研究的样本来源于成都、重庆、西安等地的部分高校，可能在西部地区范围的代表性仍不够强。本研究以一种自下而上的方式，经过不断比较与归纳得出了大学生创业动机形成机理概念模型，按照严谨性思维，还需要实证定量研究机理内变量之间关系的强度。因此，未来的研究可以从以下四点开展：第一，开展定量实证研究，对概念模型中变量间关系强度进行检验；第二，分别从单独作用、两两交互作用以及三个共同作用的层面来研究情感与政策支持、创业能力和创业前经历准备对创业者人格特质与创业自我效能感的调节效应；第三，可以继续探究创业动机各影响因素间可能存在的其他关系；第四，考虑到创业动机可能具有不稳定性，可以研究创业实现过程中创业动机是否会随着时间变化而变化。

参考文献

[1] 马怀立. 试论高职院校创新创业教育的定位 [J]. 教育与职业，2016 (15)：65-67.

[2] 高宏，周晶. 大学生创业动机——创业行为倾向模型研究 [J]. 黑龙江高教研究，2015，259 (11)：118-121.

[3] 胡怀敏，肖建忠. 不同创业动机下的女性创业动机研究 [J]. 经济问题探索，2007 (8)：24-27.

[4] SHANE S, LOCKE E A, COLLINS C J. Entrepreneurial motivation [J]. Human Resource Management Review, 2003 (13): 257-279.

[5] WHETTON D A, CAMERON K S. Developing management skills [D]. New York: Addison-Wesley, 1998.

[6] LEEDY, TSANGEWK. The effects of entrepreneurial personality, background and network activities on venture growth [J]. Journal of Management Studies, 2001, 38 (4): 583-602.

[7] 姜红玲，王重鸣，倪宁. 基于因子分析的创业特质探索研究 [J]. 心理科学，2006 (29)：919-921.

[8] 范巍，王重鸣. 创业倾向影响因素研究 [J]. 心理科学，2004 (27)：1087-1090.

[9] 单标安，费宇鹏，于海晶，等. 创业者人格特质的内涵及其对创业产出的影响研究进展探析 [J]. 外国经济与管理，2017，39 (4)：15-24.

[10] 刘建钧. 创业投资——原理与方略 [M]. 北京：中国经济出版社，2003.

[11] L VESTERGAARD, K MOBERG, C JORGENSEN. Impact of entrepreneurship education in denmark [M]. Odense: The Danish Foundation for Entrepreneurship-Young Enterprise, 2012.

[12] 曾照英，王重鸣. 关于我国创业者创业动机的调查分析 [J]. 科技管理研究，2009 (29)：285-287.

[13] VROOM V H. Work and motivation [J]. Academy of Management Review, 2004 (29): 379-387.

[14] ROBICHAUD Y, MCGRAW E, ROGER A. Toward the development of a measuring instrument for entrepreneurial motivation [J]. Journal of Developmental Entrepreneurship, 2001 (6): 189-201.

[15] KURATKO D F, HORNSBY J S, NAFFZIGER D W. An examination of owner's goals in sustaining entrepreneurship [J]. Journal of Small Business Management, 1997 (1): 24-33.

[16] LLEWELLYN D J, WILSON K M. The controversial role of personality traits in entrepreneurial psychology [J]. Education Training, 2003, 45 (6): 341-345.

[17] ALLPORT F H, ALLPORT G W. Personality traits: their classification and measurement [J]. Journal of Abnormal and Social Psychology, 1921 (16): 1-40.

[18] CATTELL R B. Personality structure and the new fifth edition of the 16PF [J]. Educational & Psychological Measurement, 1995 (55): 926-937.

[19] EYSENCK H J. The structure of human personality [M]. London: Methuen, 1953.

[20] MCCRAE R R, COSTA P T. Personality trait structure as a human universal [J]. American Psychologist, 1997 (52): 509-516.

[21] TELLEGEN A, WALLER N. Reexaming basic dimensions of natural language trait descriptors [C]. Poster Presented at the 95th Annual Meeting of the American Psychological Association, New York, 1987.

[22] ALMAGOR M, TELLEGEN A, WALLER N G. The big seven model: A cross-cultural replication and further exploration of the basic dimensions of natural language trait descriptors [J]. Journal of Personality and Social Psychology, 1995, 69 (2): 300-307.

[23] 于莱菏. 国内外人格特质理论研究综述 [J]. 探索带, 2013, 11 (3): 221-223.

[24] 崔红, 王登峰. "大五" 与 "大七": 中西方人格结构的确立 [M]. 北京: 北京大学出版社, 2004: 85-114.

[25] DAS T K, TENG B S. Time and entrepreneurial risk behavior [J]. Entrepreneurship: Theory and Practice, 1997, 22 (2): 69-88.

[26] ZHAO H, SEIBERT S E. The big five personality dimensions and entrepreneurial status: A meta-analytical review [J]. Journal of Applied Psychology, 2006, 91 (2): 259-271.

[27] BANDURA A. Self-efficacy: Toward a unifying theory of behavioural change [J]. Psychological Review, 1977 (84): 191-215.

[28] BOYD N G, VOZIKIS G S. The influence of self-efficacy on the development of entrepreneurial intentions and actions [J]. Entrepreneurship Theory and Practice, 1994 (18): 63-90.

[29] LUTHANS F, IBRAYEVA E S. Entrepreneurial self-efficacy in central Asian transition economies: Quantitative and qualitative analyses [J]. Journal of International Business Studies, 2006 (37): 92-110.

[30] 汤明. 创业自我效能感与创业意向关系研究 [D]. 长沙: 中南大学, 2009.

[31] 刘芳. 个性特征、创业环境对大学生创业动机的影响机理研究 [D]. 武汉: 湖北大学, 2017.

[32] 罗婷婷. 大学生创业自我效能感对创业意向的影响研究 [J]. 高教论坛, 2017 (11): 104-107.

[33] CHAO C CHEN, PATRICIA GENE GREENE, ANN CRICK. Does entrepreneurial self-efficacy distinguish entrepreneurs from managers? [J]. Journal of Business Venturing, 1998, 13 (4).

[34] 李洪波, 牛昕. 创业环境对大学生创业动机的影响研究 [J]. 技术经济与管理研究, 2013 (5): 40-43.

[35] DJANKOV S, MIGUEL E, QIAN Y, et al. Entrepreneurship: First results from Russia [J]. CEPR Discussion Papers, 2006.

[36] VAN PRAAG C M, VERSLOOT P H. What is the value of entrepreneurship? A review of recent research [J]. Small Business Economics, 2007 (29): 351-382.

[37] GOHMANN S F. Institutions, latent, entrepreneurship, and self-employment: An international comparison [J]. Entrepreneurship Theory and Practice, 2012, 36 (2): 295-321.

[38] 韦雪艳, 段锦云. 创业者个人主动性与创业社会支持网络的关系 [J]. 现代管理科学, 2011 (3): 55-57.

[39] 李琳璐. 研究型大学大学生创业能力实证测评 [J]. 当代教育科学, 2019 (8): 84-90.

[40] BOYATZIS R E. The competent management: a model for effective performance [M]. NewYork: Wiley, 1982: 12-13.

[41] 陈文娟. 大学生创业动机影响因素——以江苏省高校大学生为例 [J]. 中国科技论坛, 2015 (9): 138-142.

[42] 胡哲. 大学生创业动机的影响因素调研分析 [J]. 特区经济, 2015 (2): 150-152.

[43] 杨爱杰. 大学生创业教育的实现途径探讨 [J]. 科技创业月刊, 2006 (1): 87.

[44] 郭丽君, 刘强, 卢向阳. 中外大学生创业教育政策的比较分析 [J]. 高教探索, 2008 (1): 135.

[45] 赵静. 创业者特质、创业教育对大学生创业动机的影响研究 [D]. 武汉: 华中师范大学, 2015.

[46] 王绪梅. 大学生创业动力影响因素实证研究 [D]. 合肥：安徽大学，2013.

[47] 张熙悦. 大学生创业动力影响因素探析 [J]. 现代商贸工业，2012，24 (15)：104-106.

大学生心理健康状况与学习成绩的关系研究

曾毅　齐悦

摘　要： 为探讨大学生心理健康状况及其对学习成绩的影响，以便相关教育部门采取措施改善大学生心理健康状况，提高大学生学习成绩，本研究采用自编问卷对大学生的心理健康状况及学习成绩进行调查，并对心理健康状况与成绩的关系进行分析。本研究发放问卷344份，实际有效样本281份，有效率81.69%，其中男生占比50.52%，女生占比49.48%。城市生源的大学生心理健康状况明显优于农村生源的大学生。心理健康状况与学习成绩呈现相关性，心理健康状况越差，成绩越差。男生在强迫、焦虑、躯体化方面与女生存在显著差异。成绩优秀者在自尊、目标感方面显著优于成绩落后者。年级不同，心理健康状况也存在显著差异。

关键词： 大学生；心理健康状况；学习成绩；关系研究

一、引言

当前我国社会快速发展，节奏快、强度大，随之而来的是巨大的社会压力，心理问题不断呈现，对人们的健康状况造成很大影响。随着社会文化的不断发展，健康的概念也得到更新，从最开始的生物学概念转变为生物、心理、社会医学概念。新的健康概念意味着人们对于健康的全新追求及对心理健康领域的重视。社会的发展对人也提出了更高的要求，不仅仅是专业技能知识的要求，更是综合素质的要求。同时，社会的发展对教育提出了更高的要求，教育不仅要促进经济的发展，更要促进人的全面发展。心理健康状况作为完整人格的一部分，对促进生理平衡尤为重要。大学生作为一个特殊的群体，在拥有较高文化水平的同时也承受着巨大的心理压力。大学生处于青少年与成年人的衔接阶段，无论是个体的成长需要还是群体的发展需要，不论是生理的变化还是心理的发展都有着十分特殊的成长特点。从高中到大学，从大学到社会，在每一个成长阶段，大学生都经历着相似的心理感受与成长压力，其心理起伏较大，在处理学习、生活、人际交往和社会适应等问题时会遇到各种困难和挫折，常引起激烈的心理矛盾冲突，导致各种心理问题和心理障碍，这在很大程度上影响着大学生的学习、生活。研究表明，大学生心理健康症状发病率高达30%，并呈现出不断增长的趋势，主要表现为焦虑、恐惧、抑郁等形式（马芳，2015）。

随着科教兴国战略的实行，教育体制不断改革，大学生作为高等教育的主体，地位重要。学习成绩是衡量大学生知识文化素养的重要手段，大学通过学习成绩的形式来检测大学生专业技能知识的掌握情况。关于大学生心理健康状况的测量主要使用症状自评量表（SCL-90），但其具有局限性。其常模为1986年研制，分为成人常模与青年常模。大学生心理健康研究中，多使用该量表，且结论多一致，但近年来受到质疑，即1986年的常模在当今是否适用。其样本量仅1 388人，包括各种职业与年龄段。近十年的研究发现，正常人群各因子已有明显改变。研究表明，影响大学生学习成绩的因素是多样的，包括主观因素和客观因素。主观因素包括学习态度、学习动机。影响大学生学习成绩的因素又包括外部因素和内部因素。外部因素包括学习环境、学习时间，内部因素包括学习者的情绪状态、努力程度。我们都知道，一个人倘若睡眠不足，学习时经常昏昏沉沉就会不太容易掌握知识；或者是一个人刚刚经历失恋的痛苦，心情抑郁，就会难以投入学习中，学习成绩必定受到影响。可见心理健康状况会影响学习成绩，两者密切相关。已有研究已经提出了大学生心理健康状况对学习成绩的影响。研究使用症状自评量表，测评表明在智力程度差别不大的情况下，心理健康状况对大学生的学习成绩有决定作用（吴先超，2005）。张玉媛也在针对医学生的研究中，表明不同的学习成绩中，躯体化、强迫等心理健康状况因子之间有显著差异，心理健康水平与学习成绩有一定关系（张玉媛，2008）。肖海鸥指出，对于贫困大学生来讲，大学生心理状况与学习成绩呈显著正相关，心理健康状况越差，学习成绩越差，但其使用自我学习成绩的评价来代表学习成绩，可能不具有准确性（肖海鸥，2007）。已经有相关研究对大学生心理健康状况与学习成绩进行探讨，但其采用的研究工具，即症状自评量表并非针对大学生这一群体编制，造成评价结果不一致，不便于比较研究，且使用自我学习成绩的评价代表学习成绩不具有准确性。大学生学习成绩和心理健康状况都是社会关注的热点问题，因此为使心理健康状况的研究更加深入，本研究采用自编问卷，评估心理健康状况，对心理健康状况与大学生成绩进行相关研究，探究心理健康状况对大学生学习成绩的作用，以便为大学生改善心理健康状况，提高学习成绩提供建议，为相关教育部门改善大学生心理健康状况、提高大学生学习效率提供有效依据，帮助其从心理健康状况方面提高教育质量，促进社会的发展。

二、研究对象与研究方法

本研究以在校大学生为研究对象，回收问卷 344 份，其中有效问卷 281 份，有效率 81.69%。

本研究以大学生心理健康状况调查问卷为测试工具，包含 54 道题，含 9 个心理症状反映因子，包括躯体化、自尊、抑郁、目标感、孤独、睡眠、焦虑、疲劳、强迫。问卷采用 5 级评分。此外，基本情况包括性别、专业、是否独生子女、城镇/农村、年级。学生按统一指导语填写问卷。为减少学生顾虑，问卷不要求署名，以提高测量结果的真实性。

本研究使用问卷星对随机抽取的研究对象进行网上调查，再将有关指标量化，并输入计算机，以 SPSS 24.0 软件包进行统计学分析。

三、数据分析

本研究一共应调查 344 人，实际调查 281 人，男生占比 50.52%，女生占比 49.48%；文、理、工科学生占比分别为 29.55%、25.43%、45.02%；独生子女占比 60.82%，非独生子女占比 39.18%；城镇学生占比 62.89%，农村学生占比 37.11%；大一、大二、大三、大四学生分别占 47.42%、32.65%、11%、8.93%。

本研究对大学生的心理健康状况进行描述性统计，总体情况如表 1 所示。

表1　总体情况

因子	*M*	*SD*
强迫	9.30	2.54
疲劳	15.45	3.71
焦虑	14.70	3.82
睡眠	9.72	3.87
孤独	18.02	4.70
目标感	14.11	4.62
抑郁	20.80	5.18
躯体化	21.32	6.96
自尊	19.91	5.53

结果显示，在心理健康状况的9个维度中，强迫的平均分为9.30，疲劳的平均分为15.45，焦虑的平均分为14.70，睡眠的平均分为9.72，孤独的平均分为18.02，目标感的平均分为14.11，抑郁的平均分为20.80，躯体化的平均分最高为21.32，自尊的平均分为19.91。

本研究调查了来源于不同地区的大学生在心理健康状况上是否有显著差异，对来自城镇的大学生和来自农村的大学生的心理健康状况进行独立性 t 检验。大学生心理健康状况城镇和农村 t 检验如表2所示。

表2　大学生心理健康状况城镇和农村 t 检验

因子	t	*Sig*
睡眠	-2.677^{*}	0.008
自尊	-2.141^{*}	0.033
躯体化	-2.647^{*}	0.009

由表2可得，城镇大学生与农村大学生在心理健康状况的9个维度上均存在一定差异，其中在睡眠、躯体化、自尊方面，差异具有统计学意义。睡眠方面，城镇大学生得分显著低于农村大学生（$p=0.008<0.05$）；躯体化方面，城镇大学生得分显著低于农村大学生（$p=0.009<0.05$）；自尊方面，城镇大学生得分显著低于农村大学生（$p=0.033<0.05$）。由此表明，农村大学生心理健康状况较差，需要引起重视。

为了调查大学生心理健康状况在年级上的差异，本研究对不同年级的大学生心理健康状况的 9 个维度进行了单因素方差分析。大学生心理健康状况不同年级 F 检验如表 3 所示。

表 3　大学生心理健康状况不同年级 F 检验

因子	平方和	*df*	均方	*F*	*Sig*
强迫	78.111	3	26.037	4.171*	0.007
疲劳	92.900	3	30.967	2.277	0.080
焦虑	188.102	3	62.701	4.454*	0.004
睡眠	95.299	3	31.766	2.145	0.095
孤独	270.583	3	90.194	4.232*	0.006
目标感	135.298	3	45.099	2.142	0.095
抑郁	130.501	3	43.500	1.630	0.183
自尊	242.215	3	80.738	2.692*	0.047
躯体化	530.199	3	176.733	3.761*	0.011

注：表中 * 为 $P<0.05$。

表 3 显示，心理健康状况中，强迫检验出显著的年级差异 [$F(3, 279)=4.171$, $p<0.05$]，焦虑表现出显著的年级差异 [$F(3, 279)=4.454$, $p<0.05$]，自尊表现出显著的年级差异 [$F(3, 279)=2.692$, $p<0.05$]，躯体化表现出显著的年级差异 [$F(3, 279)=3.761$, $p<0.05$]，孤独表现出显著的年级差异 [$F(3, 279)=4.232$, $p<0.05$]。

本研究根据不同年级差异结果将焦虑、自尊、躯体化、孤独、强迫进行多重比较分析，不同年级大学生心理健康状况与学习成绩的多重比较结果如表 4 所示。结果表明，在自尊上，大一与大三的学生检测出显著差异（$p=0.04<0.05$），大二与大三的学生相比存在显著差异（$p=0.04<0.05$）；在焦虑上，大二与大三的学生检测出显著差异（$p=0.002<0.05$）；在躯体化上，大一与大二的学生存在显著差异（$p=0.03<0.05$）；在强迫上，大二与大三的学生存在显著差异（$p=0.004<0.05$）；在孤独上，大二与大三的学生存在显著差异（$p=0.003<0.05$）。

表 4 不同年级大学生心理健康状况与学习成绩的多重比较结果

年级		自尊		躯体化		焦虑		强迫		孤独	
		均值差	P	均值差	P	均值差	P	均值差	P	均值差	P
大一	大二	-0. 11	0. 99	-2. 54*	0. 03	-1. 04	0. 46	0. 71	0. 16	-1. 12	0. 29
大一	大三	2. 91*	0. 04	1. 07	0. 86	1. 75	0. 09	1. 08	0. 14	2. 25	0. 08
大一	大四	0. 74	0. 93	-2. 37	0. 39	-0. 27	0. 99	-0. 19	0. 99	0. 25	0. 99
大二	大三	3. 01*	0. 04	3. 61	0. 06	2. 79*	0. 002	1. 78*	0. 004	3. 37*	0. 003
大三	大四	-2. 17	0. 46	-3. 44	0. 25	-2. 03	0. 19	-1. 26	0. 24	-2. 0	0. 37
大二	大四	0. 85	0. 90	0. 18	0. 99	-0. 77	0. 80	0. 52	0. 79	1. 36	0. 56

注：表中 * 为 $P<0.05$，** 为 $P<0.01$。

成绩优秀者与落后者分别指的是上学期 4 科成绩最高的必修课成绩平均分处于前后 20 个百分位的大学生，其余为成绩普通者，成绩优秀者与落后者各 56 人。本研究对落后者组与成绩优秀者组进行独立样本 t 检验。成绩优秀者与成绩落后者在心理健康状况上的差异主要体现在自尊、目标感方面，前者得分低于后者，按照 $p<0.05$ 的标准，差异具有统计学意义。学习成绩不同的大学生心理健康状况比较如表 5 所示。

表 5 学习成绩不同的大学生心理健康状况比较

因子	t	*Sig*
目标感	2. 946*	0. 004
自尊	2. 857*	0. 005

本研究调查大学生积极认知情绪调节策略、消极认知情绪调节策略与积极人格的相关关系，对强迫、疲劳、焦虑、睡眠、孤独、目标感、抑郁、躯体化、自尊与学习成绩进行双变量相关分析。大学生心理健康状况各维度与学习成绩相关系数如表 6 所示。

表 6 大学生心理健康状况各维度与学习成绩相关系数

因子	相关系数	*Sig*
疲劳	-0. 173**	0. 004
目标感	0. 174**	0. 003
自尊	-0. 173*	0. 004

注：表中 * 为 $P<0.05$，** 为 $P<0.01$。

根据表 6 可知，大学生心理健康状况中的疲劳、目标感、自尊与学习成绩之间均存在显著相关关系；目标感与学习成绩存在显著正相关关系（$r=0.174$，$p<0.01$）；疲劳与学习成绩存在显著负相关关系（$r=-0.173$，$p<0.01$）；自尊与学习成绩存在显著正相关关系（$r=0.173$，$p<0.01$）。由此可见，疲劳、目标感、自尊是与学习成绩关系最密切的几个因素。其余因素均未达到统计学显著水平，但仍然对大学生学习成绩有重要影响，应该得到重视。

有心理健康状况各维度与学习成绩的显著相关关系以及相关理论的支持，本研究利用疲劳、目标感、自尊，对学习成绩进行多元回归分析。大学生学习成绩的多元逐步回归分析结果如表 7 所示。

表 7　大学生学习成绩的多元逐步回归分析结果

变量	回归系数	标准误	标准回归系数	t	p
目标感	-0. 257	0. 087	-0. 174	-2. 948	0. 003**

注：表中 * 为 $P<0.05$，** 为 $P<0.01$。

本研究以学习成绩为因变量，以疲劳、目标感、自尊等相关变量为自变量进行多元回归分析，结果发现排除疲劳、自尊对大学生成绩的显著影响，判定目标感对大学生学习成绩有显著影响（$p=0.003<0.01$）。

四、讨论与建议

本研究发现农村生源的大学生心理健康状况明显差于城镇生源的大学生，表现在睡眠、躯体化、自尊因子上。农村生源的大学生与城镇生源的大学生相比，来到一个新的环境，面临的困难更多，家人对其期待更高，“人穷志不穷”的观念使得农村生源的大学生更加敏感，可能面对更大的压力。这些客观劣势可能造成了农村生源的大学生心理健康状况较差。

在年级方面，大学生心理健康状况也呈现出不同的特点，在年级方面，主要在强迫、焦虑、自尊、躯体化因子上出现显著差异，大一与大二学生在躯体化方面出现显著差异；大一与大三在学生自尊方面出现显著差异；大三与大二学生在自尊、焦虑、强迫、孤独方面出现显著差异。这表明随着大学生生活和学习的发展变化，不同年级的大学生面对不同的心理健康状况。根据大学生的实际情况可以采取更多的干预措施。

心理健康状况与学习成绩有相互影响作用。研究表明，良好的心理健康情况可以促进学习成绩的提高，学习成绩的提高也可以促进心理健康状况的改善（张玉媛，2008）。本研究进一步对学习成绩优秀的大学生与学习成绩落后的大学生的心理健康状况进行了比较，发现成绩优秀的大学生心理健康状况更好，这与黄永新得出的结论一致，即心理健康状况与学习成绩呈明显相关，学习成绩优秀的大学生在自尊、目标感方面得分显著较低，说明良好的心理健康状态有利于学习成绩的提高。对大学生来讲，心理健康状况水平较高，其就有较好的心理状态与能力去学习。学习成绩优秀的大学生更有目标，自尊心也更强，有目标、不愿被看轻使得他们具有坚韧的品质与毅力，这些都有利于他们获得好成绩（王昊，2005）。这两者的关系也表现出互相推动的作用，学习成绩与心理健康状况之间的本质规律究竟是什么，这需要进一步探讨和研究，从而得出一个普遍性结构模型，进一步对学生进行有指导性的干预。

本研究发现疲劳、目标感、自尊与学习成绩有显著相关关系，其中疲劳影响最大。疲劳对一个人的影响是巨大的。研究表明，疲劳程度越高，大学生越难以集中注意力，进而引起学习成绩的下降，因此从这个方面来讲，想要提高学习成绩就要降低疲劳度，以良好的精神面貌来学习。根据近几年的心理咨询实践，笔者发现情绪情感的疲劳对大学生影响较大，大学生在很多时候不能劳逸结合，生活与学习存在冲突。大学生的学习方法与生活应该具有合理性联系，这样可以避免情感情绪的过度疲倦。另外，相比于目标感低的学生，目标感高的学生成绩显著较好，这主要是因为目标感往往代表着一个人的远大梦想。正是在这样的目标感的指引下，人们能够不断地督促自己，不断努力以获得好成绩。另外，目标感指引着人们前进的方向，为人们提供了坚定的方向，因此对于大学生来讲，有较高目标的大学生不容易受到外界的影响，并持之以恒地向目标前进，因此更易获得好成绩（黄庭希，2018）。

综上所述，心理健康状况对学习成绩有影响，我们应该针对不同生源地、年级的大学生做出相应的判断，通过改善影响学习成绩的心理健康状况因子来促进大学生学习成绩的提高。

五、结论

本文在前人已有研究的基础上以问卷调查形式调查大学生心理健康状况与学习成绩现状，验证其相关程度。综上所述，本文得到如下几点结论：第一，性别、是否独生、专业类别对心理健康状况无显著影响，城镇生源大学生心理健康状况优于农村生源大学生心理健康状况，不同年级之间，大学生心理健康状况存在显著差异。第二，与大学生成绩密切相关的心理健康状况因子有疲劳、自尊、目标感。其中，目标感对大学生的成绩有显著影响。

参考文献

［1］吴先超. 大学生学习成绩与心理健康水平的关系研究［J］. 郧阳医学院学报，2005（4）：250-251.

［2］张玉媛. 医学生学习成绩与心理健康及个性特征关系分析［J］. 蚌埠医学院学报，2008（2）：210-212.

［3］肖海鸥. 贫困大学生心理健康状况、应对方式与学习成绩研究［J］. 中国健康教育，2007（2）：100-102.

［4］王昊. 湘雅医学院2005级新生心理健康状况对及其对学习成绩的影响［M］. 长沙：中南大学，2005.

［5］马芳. 大学生心理健康状况对学习成绩的影响［J］. 中国卫生产业，2015（3）：174-175.

［6］黄庭希. 心理学视角下的人生目标［J］. 心理科学进展，2018（4）：731 -743.

以学生为中心的通识课程教学设计思路与方法
——以通识课程“地铁文化漫谈”为例[①]

申玉生　蒋雅君　周佳媚　高波

摘　要：通识教育是提高学生人文素养的重要渠道，在高等学校教学中被大力提倡，展示中华文化的自信，但通识课程教学过程中也面临着一系列问题需要解决。本文首先简要阐释了以学生为中心的通识课程教学设计需要解决的问题，包括通识课程教学内容架构、面对授课对象（不同专业）、授课教师的知识储备以及相应的配套政策等，然后结合通识课程“地铁文化漫谈”的教学经验，提出了克服通识课程教学困难的一系列教学思路与方法：探索授课分组方法，分享课前调研、课堂研讨与课外实践相结合的互动式教学模式，课堂教学全过程的数据化管理及信息化成绩考核。本研究发现，通过以学生为中心的教学思路开展教学，可以提升学生的学习效果，提高通识课程的教学质量，实现教书育人的目的。

关键词：通识教育；互动式教学；教学思路；教学设计

一、前言

我国理工科院校长期以来受到苏联教育体系的影响，工程技术领域专业教育成为教育的主体，尤其是近20年来，随着高校毕业生人数的快速增加和就业压力的增大，有些部门强化了就业率的考核指标，直接导

① 本文为教育部“三全育人”试点单位项目、四川省高等教育人才培养质量和教学改革项目（20180104）、西南交通大学2018年本科教育教学与改革重大项目（1804108）研究成果。

致了理工科高校强化了以专业、技能和就业适应性为导向的本科教育，而严重忽视了“以人为本、以本为本”的大学通识课程教育。在理工科院校就读的大学生，大多是工程技术类专业的学生，由于受到中学应试教育的影响，学生进入大学之前的人文艺术学科的学习时间被严重压缩，造成部分大学生人文教育与通识知识相对缺失。随着经济的快速增长与科技的高速发展，我国对高素质专门人才的需求发生了根本性的变化。面对新时代、新目标、新任务，大学的通识教育先要从根本上改变教育教学的思路。通识教育与专业教育的融合是中国特色本科人才培养、大学教育的必然选择。

通识教育（general education）源于19世纪的西方世界，目的是培养身心和谐发展的“全人”；是培养学生作为行业的“通才”，而不是在某个领域的“专才”。通识教育在高等教育领域的发展已有上百年，美国、日本、加拿大等国都非常重视通识教育。21世纪，美国大学本科生通识课程改革更多地聚焦在如何提高学生的知识能力、个性发展以及社会能力等方面，注重科技教育和人文教育的结合。20世纪90年代，我国的理工科院校逐步意识到单一的“专业化”人员是不能适应社会的发展和环境的变化的。许多学者借鉴了国外的通识教育理念与教育模式，在一定程度上找到了高等教育课程改革的突破点。

大学教育推广通识课程，首先应调动学生的学习积极性与学习兴趣，提高学生参与课堂教学和研讨的主动性。由此，以学生为中心的教学设计受到众多教师的关注，逐渐改变以“教”为中心、被动式学习的教学理念。以学生为中心的教学模式的特征是重视和体现学生的主体作用，同时又不忽视教师的主导作用。目前，很多高校教师都在积极探索、研究通识教育理念与实践中存在的问题，探寻有效的改进对策，尤其是在通识课程的教育教学方面，但仍没有摆脱长久以来形成的理工科院校的教学模式。传统的被动式教学（以教师为中心的教学模式）占据相当大的比重。根据建构主义的基本思想及其第三代教学设计的基本原则，建立以学生为中心的教学模式势在必行，从而让学生能够真正参与教学过程。

本文结合西南交通大学通识课程“地铁文化漫谈”课程教学，先讨论目前理工科院校通识课程教育教学面临的困境，由此提出了以学生为中心的互动式教学思路与方法，通过互动式教学设计，建立适用于不同专业、不同年级大学生的通识课程教学体系，为通识课程教育教学提供参考和借鉴。

二、通识课程教学面临的困境与机遇

(一)“地铁文化漫谈”课程建设困境与机遇

随着地铁交通的快速发展，地铁在城市公共交通中占据着重要的地位。地铁车站空间设计的艺术性在国内外受到更多的关注，其发展呈现多元化的趋势。地铁不仅仅是现代化交通系统，更是展示城市形象乃至国家形象的文化窗口，是城市文化向人文关怀与和谐社会文化过渡的重要整合机会，并且地铁文化也将成为新文化形态的重要组成部分。

基于我国城市轨道交通发展的态势，将传统文化融入地铁交通领域，可以展示我国5 000多年文明传承基础上的文化自信，拓展城市文化宣传的新渠道。2010年，西南交通大学首创“地铁文化漫谈”课程，课程建设之初面临一系列困境（缺乏教学目标、内容、教案、大纲等方面的教学设计），同时也带来了新的发展机遇。2014年，该课程入选西南交通大学通识教育“交通天下”模块，课程建设驶入快车道。

(二) 通识课程学习与授课内容的主要困境

目前，以就业为导向大学教育日益专业化和功利化，大学生面对严峻的就业压力和生存竞争，对未来的态度是相当“务实”的，将大部分精力投入其认为最“有用”的课程学习中。通识课程在一些学生眼里变成了专业课程之外的一种可有可无的“调剂课程”。大学教育可以决定一名优秀的大学生的就业及未来的发展，专业教育知识可以帮助其在10~15年内的职业选择与发展，但通识教育知识往往决定10~15年之后职业发展的高度和境界。也就是说，如果从就业角度分析，对在校学生而言，专业教育更为重要；如果脱离职场角度，从培养人的全过程来看，通识教育将占据更大的空间与比重。专业教育中，对知识点的学习是重点，而通识教育则侧重于对价值判断和选择、通用能力和科学思维的训练。

“地铁文化漫谈”课程面向所有专业学生开设，既有理工科学生，也有人文艺术类学生，学生的知识储备存在巨大差异。理工科学生的人文艺术修养基础薄弱，专业课程课业压力大，而人文艺术类学生对工程结构缺乏一定的认知，课程内容建设与授课模式面临巨大的挑战。

(三) 通识教育教师的知识储备与课堂教学架构

通识课程应具有一定的综合性和跨学科性，而目前在理工科院校设置跨学科的通识课程存在师资队伍严重缺乏的问题。同时，教师自身的知识储备比较单一，往往擅长专业知识传授，而交叉学科领域的知识储备明显不足，跨学科知识的传授难以达到通识教育的要求。另外，通识课程的教师的地位边缘化、授课学时易被挤压、学生对通识教育的认知不到位等因素，也会影响教师对通识课程教学的积极性。

通识课程教学内容的架构是课程教学的核心，清晰的教学目标与丰富多样的教学内容是提高学生兴趣的关键。“地铁文化漫谈”课程在教学过程中采取了多种教学手段，充分利用“互联网+”技术与“微助教”方法，增强了课堂教学的趣味性和互动性，确保了课程教学效果。

通识课程教学考核不应局限于课程知识点，应重点考查学生的科学思维、解决问题与分析问题的能力，应提高学生平时成绩的比例。

（四）学校的管理体制与政策保障

高校管理部门缺少完整的、健全的通识教育质量保障体制与机制，同时对通识教育的认知存在一定偏差。目前，部分高校对通识教育的重要性与必然性认识不足，仍然以学生的就业率为考核目标，认为通识教育只是专业教育的辅助，由此违背了通识教育的初衷。在通识课程的设置方面，大学教育整体课程体系的顶层设计和组织缺乏一定的系统性和规划性，学生选课“避重就轻”，凭兴趣、凭感觉选课。这就意味着通识教育的发展面临着目标与价值意义上的混乱与失序以及存在管理制度上的漏洞。高校在通识教育管理方面的缺位，导致针对通识课程教学方面的师资培训以及职称提升方面缺乏相应的激励机制，使得通识教育的教学效果严重缩水。因此，高校需要建立专门的管理部门，制定长远发展规划及相应的激励机制，提升通识教育水平。

西南交通大学在大学生教育教学方面注重融会贯通，完善培养体系，构建了大类培养框架下通识教育与专业教育相融合的本科人才培养体系。西南交通大学构建的“交通天下”通识课程体系由通识限选课程、新生研讨课程、通识讲座、通识任选课程四种类型构成。通识限选课程由“历史、文化与人文情怀”“哲学智慧与批判性思维”“艺术体验与审美修养”“社会科学与责任伦理”“自然科学与科学精神”“生态环境与生命关怀”“交通、工程与创新世界”七个模块构成。每一个模块均设计了教学理念、核心内容、教学预期效果等内容，形成了有社会担当和健全人格，有职业操守和专业才能，有人文情怀和科学素养，有历史眼光和全球视野，有创新精神和批判思维的“五有”培养目标，着力提升人才培养质量。

三、以学生为中心的通识课程设计思路与方法

（一）教学目标

“地铁文化漫谈”课程旨在帮助学生学习地铁车站空间设计的艺术性，了解地铁文化在城市文化发展中发挥的作用，掌握世界地铁文化的发展动向；引导学生理解地铁车站空间设计艺术的不同层面设计元素、思路，学习各国的文学艺术与地铁文化的巧妙结合，解读地铁文化，了解各国民族文化、地域文化以及主题文化；让不同专业的学生了解地铁工程与文化艺术结合的魅力，提升理工科学生的艺术审美能力，提高文科学生的地铁工程结构的力学美感，使学生能够对地铁空间中城市文化的表现形式有独特见解和分析能力，为我国大规模的地铁车站艺术设计提供人才储备。

（二）课程教学基本架构

通识课程“地铁文化漫谈”围绕以学生为中心的理念进行教学设计。由于课程教学对象为不同专业不同年级的学生，因此教师需要考虑学生的基本知识掌握情况，从而进行课堂教学的架构设计。在课堂上，教师应注重基础知识和案例分析，课下注重培养学生的自学能力与动手设计能力。

教师采用课堂教学、作品设计与实地考察相结合的教学方式，让学生能够以一种轻松、愉快的心态学习基本知识。教师设计“地铁文化漫谈”课程教学架构（见图1），以学生培养科学思维及创新能力为核心，设计五个课程模块。

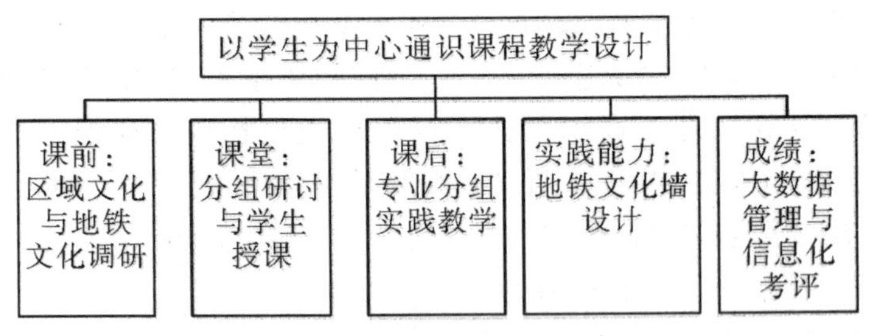

图1　课程教学架构

1. 课前：区域文化与地铁文化调研

截至2019年年底，全国有43座城市开通地铁，地铁总里程近4 600千米。为了加强学生对家乡区域文化的学习与了解，每个学生需要调研家乡

所在区域的文化与地铁交通建设情况，分析重点线路或重点车站中的地铁文化元素，形成《地铁文化简析报告》，为课堂教学研讨做好准备。

2. 课堂：分组研讨与学生授课

为了加强不同专业学生之间的互动交流与合作和提升课堂教学效果，教师特意将学生按照籍贯分为10人左右的研讨组（以“老乡”关系为纽带），研讨家乡地铁文化的特色，学习地铁文化，加强课程知识学习。学生根据课前调研形成的《地铁文化简析报告》制作电子文稿，进行课堂演讲（短于15分钟），与所有学生分享家乡的区域文化特色和地铁空间艺术设计（纳入学生平时成绩考核）。

3. 课后：专业分组实践教学

根据课程教学进度与教学要求，每学期教师定期组织学生到成都地铁重点艺术车站进行现场实践教学。教学小组以相近专业的学生为主（10人左右为一组），从而发挥专业特长，现场展开研讨，分批次进行实践学习，加强地铁空间艺术中的蜀文化元素融合学习。例如，具有巴蜀文化元素的天府广场站、演绎川味美食为主题的一品天下站、以三国历史蜀相孔明为主题的高升桥站以及峨影文化鲜明的西南财大站等。

4. 实践能力：地铁文化墙设计

为了加强学生对区域文化及城市文化元素与地铁交通工具的了解，本课程借鉴北京地铁4号线北京大学东门站的文化墙展示方式，在教学中安排了成都地铁6号线西南交大犀浦站文化墙设计作业。教师鼓励学生根据西南交通大学的人文特色、办学历程和历史特征等来塑造该地铁站的文化墙作品，优秀作品由学生在课堂上进行阐释，由全体学生对作品进行评分，作品纳入成绩考核。该作业设计既让学生了解了学校120多年的发展历史，增强学生的爱校情怀，又增强了学生对课堂知识的实际应用能力，取得了良好的课堂教学效果。

5. 成绩：大数据管理与信息化考评

课堂教学全过程实现数据化，采用“互联网+”技术教学，对学生学习的全过程进行数据化统计分析，准确掌握学生的学习效果。教师采用“微助教”应用程序，实现了课堂在线考勤、互动答题、课堂讨论、过程评价等自动统计，详细记录了学生回答问题的情况，实现了数字化、信息化的管理与考评。“微助教”改变了传统课堂教学过程中的互动、控制与评价过程。高效的信息化互动手段，增强了教师对课堂教学全过程的控制与调整，取得了良好的课堂教学效果。

四、结语

以学生为中心的通识课程教学设计需要考虑课程教学对象（不同专业）、知识点设计（通俗易懂）以及教学效果评价（激励与评价）等方面。本文首先分析了目前通识课程教学设计过程中遇到的问题，由此设计了适用于通识课程“地铁文化漫谈”的教学方法与思路：采用不同的授课分组模式，如课堂分组（以家乡地域分组）和实习分组（以学生专业为主，兼顾协调男女比例进行重新分组）；采用课前收集资料、课堂学生授课+讨论、地铁站现场授课实践、课后地铁文化墙设计等教学手段，调动学生的积极性；采用大量成都地铁文化案例，补充课堂教学素材；采用现代互联网工具，对成绩实现公平公证的信息化考评。

以学生为中心的通识课程教学设计首先应以教学目标为导向，以教学内容为主线，突出课程特色，实现课堂教学、在线课程与课外实践相结合的互动式教学模式。同时，教师应充分利用“互联网+”技术（“微助教”应用程序），对学生的学习全过程进行统计分析，准确掌握学生的学习情况，及时调整教学计划，提高学生的学习效果，才能有效解决目前高等学校通识课程教学中遇到的瓶颈问题。

参考文献

［1］纪光欣，刘兴波．理工科高校通识教育存在的问题与改进对策［J］．中国石油大学学报（社会科学版），2018，34（5）：108-112.

［2］陈可唯．通识教育在理工类本科院校的困境分析［J］．广东工业大学学报（社会科学版），2009（S1）：15-17.

［3］张品琪．通识教育理念下理工院校公共艺术课程的研究［D］．大连理工大学，2015.

［4］高皇伟，吴坚．麻省理工学院通识教育课程模式剖释［J］．外国教育研究，2016（6）：68-80.

［5］孙锦．理工院校通识课程与学生跨文化竞争力培养探析［J］．文教资料，2016（29）：158-159.

［6］温保保．通识教育课程内容体系构建研究［D］．延安：延安大学，2014.

［7］山美娟．“以学生为中心”的跨学科通识课程设计探索［J］．科技资讯，2013（30）：188-189.

［8］李勇军．“以学生为中心”与大学课程教学［J］．大学教育，2018（7）：131-314.

［9］万爱莲.“以学生为中心”的大学课程结构调整：关系与误区［J］. 现代大学教育，2019（2）：101-109.

［10］方婷婷，杨雪. 基于提高大学生核心素养理念的通识课程建设［J］. 教育教学论坛，2018，35（8）：202-203.

［11］韩俊平，花艳丽. 基于微助教的混合式信息化教学探索［J］. 中国信息技术教育，2019（10）：91-94.

专家教师和新手教师体育审美化教学评价差异性研究[①]

田婷婷　汪宏

摘　要： 审美化教学是建立在教学的外在形式美和内在逻辑美的融合理论基础上的教学模式。审美化教学评价在审美化教学过程中起着教学指导和教学反馈的重要作用。本研究通过分析专家教师和新手教师对两次小学体育审美化教学课程的评价差异，探讨思维模式和教学方法对教学评价的影响。本研究采用审美化教学评价工具，从教案设计、教学操作和学生成果三个方面对专家教师和新手教师的评价进行了比较。研究发现：第一，专家教师与新手教师对授课教师的教学评价存在显著差异；第二，新手教师的前后两次教学评价存在差异，第二次评价分值高于第一次评价，但差异并不显著。研究表明：专家教师和新手教师在教学评价的思维方式上明显不同，分析专家教师和新手教师在审美化教学评价上的差异，有助于了解审美化教学评价在促进教师发展过程中的作用。

关键词： 专家教师；新手教师；审美化教学；教学评价

一、研究缘起

随着时代的进步、科技的发展，传统的工具理性和量化评价遭到人们的质疑和批评。为了深化教育改革，更好地适应新时期全面实施素质

---

① 本文为重庆市渝中区学校美育改革实验项目和重庆市北碚区美育改革和发展实验项目的研究成果。

教育的要求，现代教育对“美”的追求日益凸显。2018年4月，教育部党组书记、部长陈宝生在全国学校美育工作会议上强调，要进一步更新观念、加大投入、优化配置、改革创新，扎实推进新时代学校美育工作。2018年9月，习近平总书记在全国教育大会上指出，要全面加强和改进学校美育，提高学生审美和人文素养。因此，从社会发展和教育变革的视角来看，审美化教学评价是克服教学评价中工具理性和技术理性的有效途径之一，也是我国基础教育改革的润滑剂。教师是教学过程的参与者、教学评价的实施者，教师的观念和角色的定位深刻影响着教学评价。本文将探索审美化教学模式下专家教师和新手教师的教学评价水平的差异，为提升教师教学评价水平提供新的路径和启示。

二、相关研究

（一）关于审美化教学的研究

笔者通过文献检索发现，有关审美化教学的研究不是很多。审美化教学就是指将所有的教学因素，如教学目标、教学内容、教学方法和手段、教学环境、教学评价等，转化为审美对象，使整个教学过程转化为美的创造、美的表现、美的欣赏活动，使整个教学成为内在逻辑美与外在形式美和谐统一的整体，从而达到减轻学习负担、提高教学效率，并使师生获得身心愉悦的一种教学思想、理论和操作模式与行为①。审美化是时代的呼唤，审美化教学是现代教育发展的必然要求，也是教育发展中克服技术理性的必然要求。有研究者敏锐地捕捉到美学的魅力，主张“艺术地”“美学地”理解课程、教学和学习②。教学是科学与艺术完美结合的统一体，课程实施应该体现艺术性和科学性的统一。教育鉴赏与教育批评的评价模式主要关注现实生活、学生、经验，重视生命主体的个性化表现③。审美化教学包含教学因素（目标、内容、行为、评价）、教学过程以及师生关系的审美转化。教师和学生只有清晰地掌握了审美化教学的转化，才能从教学过程中获得愉悦的美感体验。

（二）关于审美化教学评价的研究

总体上，有关审美化教学评价的研究甚少，国外有许多关于教学艺术、艺术评价、审美教育等的研究成果，但其重点和切入点都不是教学

① 赵伶俐. 审美化教学论［J］. 西南师范大学学报（人文社会科学版），2000（5）：108-114.

② 李彩彦. 美学取向教学评价研究［D］. 重庆：西南大学，2014.

③ 扈红樱，王子彦. 科学和艺术之关系简评［J］. 自然辩证法，2006（5）：100-103.

评价。当前，我国基础教育阶段的教学评价主要是根据苏联著名教育家凯洛夫的教育思想，在教学五环节的基础上形成的，以教学目标、教学内容、教学方法、教学进程结构、教师教学基本功为主要内容的评课①。我国传统的教学评价以技术理性为指导，单一、片面的评价标准在一定程度上吞噬了课堂教学的多元性，少数简单、冰冷的量化技术也淡化了教学评价的人文性。伴随着基础教育改革的深化和素质教育的不断推进，有研究者认为评价的价值取向一般有真、善、益、美四个维度，从价值学的角度来看待教学评价的价值取向，认为“评价课堂教学不仅要评价其功利价值，也要评价其审美价值”②。教学评价具有导向功能，是教育质量评价的主要组成部分，是教育发展和改革的主要牵引力③。同时，教育的发展与改革呼唤着美的教学与评价，将“美”运用于教学评价过程中，更新教师的评价理念，提高评价者的评价能力，这样不仅能够给师生带来更好的美感体验，同时对促进社会的进步和教育的发展具有一定的重要性。

三、研究设计

（一）研究目的

本研究旨在比较专家教师和新手教师对体育教师审美化教学的评分数据的差异，说明专家教师与新手教师存在差异的原因是思维方式与教学方法的不同以及审美化教学有助于新手教师提升教学评价的能力。

（二）研究对象

本研究的研究对象是现场听课的专家教师与新手教师。专家教师为重庆市西南大学美育中心专家，新手教师为重庆市西南大学美育中心研究生。

（三）研究工具

本研究的研究工具是西南大学美育研究中心编制的“审美化教学（活动）评价表”。该评价指标包括教案（教学与活动设计）、过程（教学与活动操作）、学习成果 3 个部分，共 14 个指标，其中教案（教学与活动设计）含有 4 个指标；过程（教学与活动操作）含有 5 个指标；学

---

① 李彩彦. 美学取向教学评价研究［D］. 重庆：西南大学，2014.

② 袁健. 新课程理念下课堂教学评价价值取向初探［D］. 南昌：江西师范大学，2004.

③ 杜文军. 基础教育课程改革背景下教学评价价值观的现状与反思［D］. 兰州：西北师范大学，2006.

习成果含有5个指标。本研究将评估标准设定为5分：5=非常符合（恰当），4=比较符合（恰当），3=一般，2=比较不符合（恰当），1=非常不符合（恰当）。审美化教学（活动）评价表指标如表1所示。

表1 审美化教学（活动）评价表指标

二级指标	教案（教学与活动设计）				过程（教学与活动操作）					学习成果				
三级指标	目标设计	内容设计	过程设计（内容）	过程设计（形式）	评价设计	目标臻美	过程完美（内容）	过程完美（形式）	评价精美	价值观引导	课堂表现	作业表现（内容）	作业表现（形式）	价值观表现

（四）研究过程

数据收集采用网络问卷随堂提交的方式。在上课之前，授课教师将教案发给专家教师和新手教师。现场的专家教师和新手教师通过手机结合西南大学美育研究中心编制的“审美化教师（活动）评价表”先对教师教案（教学与活动设计）进行打分；在听课过程中，再对教师的教学与活动操作进行打分；最后对学生反馈的学习成果进行打分。收集到的数据由研究人员采用SPSS统计软件进行录入，最后得出结果并分析。

四、研究结果与分析

将专家教师和新手教师对三年级体育课的审美教学评价数据录入SPSS工作表可以获得描述性数据和图表。

本研究采用独立样本t检验，从表2中专家教师第二次二级指标的审美化教学评分均值来看，对授课教师在教案设计、教学过程以及学生的学习成果的表现评分均在“恰当”和“一般”这个区间，尤其是学生的学习成果均值相对较低（$M=2.63$）；从新手教师的评分均值来看，对授课教师和学生的表现评分也处于“恰当”和“一般”这个区间，但比专家评分均值高，这说明新手教师对审美化教学活动的评价还不够专业。在审美化教学二级维度的评价数据比较结果中，专家教师和新手教师在授课教师的教案（教学与活动设计）（$t=-8.85$，$p=0.00$），过程（教学与活动操作）（$t=-7.14$，$p=0.00$），学习成果（$t=-6.39$，$p=0.00$）的审美化教学评价上存在显著差异（p均小于0.05），这说明新手教师与专家教师在审美化教学评价上存在一定差距，新手教师对审美化教学的内涵以及操作模式的理解还不够透彻。

表 2　专家教师和新手教师在审美化教学评价二级指标上的差异研究（第二次课程）

二级指标	M		SD		t	p
	专家	教师	专家	教师		
教案（教学与活动设计）	2.67	3.62	0.13	0.19	-8.85	0.00
过程（教学与活动操作）	2.79	3.75	0.31	0.11	-7.14	0.00
学习成果	2.63	3.75	0.36	0.20	-6.39	0.00

本研究采用独立样本 t 检验对两次新手教师审美化教学二级指标评价数据进行比较（见表 3），结果发现，在审美化教学评分中，新手教师在授课教师的两次教案（教学与活动设计）（$t=-1.03$，$p=0.33$），过程（教学与活动操作）（$t=-0.87$，$p=0.41$），学习成果（$t=-0.87$，$p=0.46$）的审美化教学评价上均不存在显著差异（p 均大于 0.05）。但是从新手教师对授课教师的教案、过程、学习成果的两次评分均值来看，第二次均比第一次高。

表 3　新手教师在两次审美化教学评价二级维度上的差异研究

二级指标	M		SD		t	p
	第一次	第二次	第一次	第二次		
教案（教学与活动设计）	3.23	3.62↑	0.91	0.19	-1.03	0.33
过程（教学与活动操作）	3.43	3.75↑	0.92	0.11	-0.87	0.41
学习成果	3.44	3.75↑	0.99	0.20	-0.78	0.46

因此，分析可以说明两个问题：第一，两次新手教师的评分均值变化说明授课教师在经过专家教师的审美化教学指导后，对审美化教学的教案设计、教学操作的理解更到位，所以第二次的评分比第一次的评分高。第二，新手教师的两次审美化教学评价不存在显著差异，说明新手教师对授课教师的审美化教学操作是比较认可的，但也可能说明新手教师对审美化教学评价的理解还停留于初识层面，新手教师尚不能给出比较客观专业的评价，有很大的进步空间。

本研究采用独立样本 t 检验对两次新手教师审美化教学三级指标评价数据进行比较（见表 4），结果发现在审美化教学评价中，新手教师在授课教师的教学过程设计（内容）（$t=-2.59$，$p=0.03$），评价精美

（$t=-8.85$，$p=0.00$）上的两次评分存在显著差异（p 值均小于 0.05），在其他三级指标中不存在显著差异（p 值均大于 0.05）。从两次审美化教学评分均值来看，第二次评分均比第一次评分高，这说明新手教师经过专家教师的指导和讲解，对审美化教学的理解和教学评价能力都有所提升，尤其是在对教案（教学与活动设计）中的过程设计（内容）和评价精美这两方面的进步最为明显，但在其他三级指标上的评分不存在显著差异，说明新手教师对审美化教学内涵的理解不够透彻全面，可以在后续多与专家教师进行交流和探讨。

表 4　新手教师在两次审美化教学评价三级指标上的差异研究

三级指标	*M*		*SD*		*t*	*p*
	第一次	第二次	第一次	第二次		
目标设计	3.25	3.83↑	0.96	0.26	−1.46	0.18
内容设计	2.86	3.19↑	0.91	0.19	−0.89	0.40
过程设计（内容）	3.12	4.00↑	0.85	0.00	−2.59	0.03
过程设计（形式）	3.71	3.89↑	1.00	0.46	−0.39	0.70
评价设计	3.50	3.83↑	0.58	0.26	−1.26	0.24
目标臻美	3.25	4.00↑	0.96	0.00	−1.98	0.08
过程完美（内容）	3.25	3.33↑	1.16	0.10	−0.18	0.86
过程完美（形式）	3.53	3.83↑	1.01	0.17	−0.74	0.48
评价精美	3.13	4.00↑	0.25	0.00	−8.85	0.00
价值观引导	4.25	4.33↑	0.96	0.52	−0.18	0.86
课堂表现	3.56	4.00↑	0.83	0.39	−1.15	0.29
作业表现（内容）	3.10	3.00↓	1.15	0.30	0.20	0.84
作业表现（形式）	3.54	4.11↑	1.23	0.17	−1.15	0.28
价值观表现	4.00	4.33↑	0.81	0.52	−0.80	0.45

五、结语

本研究通过新手教师和专家教师观察体育授课教师的审美化课堂教学，并利用“审美化教学（活动）评价表”进行评分的方式，探究专家教师和新手教师在审美化教学活动中评价的差异以及新手教师在审美化教学活动中教学评价的提升。调查数据表明，专家教师和新手教师在审美化教学评价中存在显著差异，但是新手教师的审美化教学评价的进步还不够明显，只在个别指标评价上有提升。出现上述原因，可能是新手教师缺乏审美化教学评价的专业培训。新手教师初次接触审美化教学活动，对审美化教学概念的理解、教案的设计以及教学操作模式的熟悉程度还不够，在实际操作中仍按统一化标准进行评价，因此很难区分评价结果的差异。再加上教案（教学与活动设计）属于课程策划、设计层面，而过程（教学与活动操作）和学习成果属于操作、实践层面，这是一个从理论到实践的过程，需要新手教师不断进行经验总结才能充分体现出来。由于审美化教学活动课程次数有限，因此难以从少有的数据上明显地反映出新手教师在审美化教学活动评价中的进步。教学评价不是速成品，需要评价者对教学情景的过程及结果予以持久关注，新手教师需要不断积累经验，多与专家教师探讨和交流，不断提升审美化教学评价水平。近年来，教学评价思想发展迅速，教学评价研究需要寻找新的思想源泉，而审美性正是教学评价的题中之意，审美化教学评价是社会及教育界在对“美”的追求背景下产生的，对社会的进步和教育的发展具有重要作用。本研究通过分析专家教师与新手教师的评分数据，发现审美化教学评价模式不仅有助于提升评价者的鉴赏能力，还能帮助授课教师提高教学能力，达到教学目标。因此，审美化教学评价模式具有普遍适用性，各高校可以根据自身实际情况，合理运用该模式，以达到提高教师教学评价能力的目的。

参考文献

[1] 赵伶俐. 审美化教学论 [J]. 西南师范大学学报（人文社会科学版），2000（5）：108-114.

[2] 李彩彦. 美学取向教学评价研究 [D]. 重庆：西南大学，2014.

[3] 高红樱，王子彦. 科学和艺术之关系简评 [J]. 自然辩证法，2006（5）：100-103.

[4] 袁健. 新课程理念下课堂教学评价价值取向初探 [D]. 江西师范大学，2004.

[5] 杜文军. 基础教育课程改革背景下教学评价价值观的现状与反思 [D]. 兰州：西北师范大学，2006.